명상이
뇌를
바꾼다

명상이
뇌를
바꾼다

괴로운 뇌를
행복한 뇌로 바꿔 주는 마음 수련

장현갑 지음

불광출판사

마음챙김은
지금(Now),
여기(here)에서
일어나고 있는 것에 대해
온전하게
알아차림(aware)하는 것

머리말

필자가 명상을 처음 접했던 50여 년 전만 하더라도 뇌라는 것은 어린 시절 한번 '형성'되고 나면 그 후에는 바뀔 수 없다고 생각했다. 따라서 명상 수련을 비롯한 어떤 방법으로도 뇌의 기능이나 구조에 어떤 변화가 일어난다고는 기대할 수 없었다. 그러나 최근 들어 후천적 경험이나 환경 등에 의해 성인의 뇌도 기능적으로나 구조적으로 많은 변화가 일어난다는 "뇌가소성" 또는 "신경가소성"이란 견해가 대두되면서 "명상이 뇌를 바꾼다."라는 이슈는 뇌과학의 뜨거운 화제가 되었다.

이 책에서는 명상이 뇌를 바꾼다는 뇌가소성의 과학적 근거들을 중심으로 행복하고 낙천적인, 건강한 뇌를 만들기 위한 뇌심리학 이론과 명상 수행 방법을 정리하였다. 비록 뇌가소성이란 견해가 등장한 지 오래지 않아 명상과 뇌의 관계를 뒷받침하는 과학적 연구 자료가 보강되어 가는 과정이기는 해도 명상에 관심을 가진 이, 뇌과학에 관심을 가진 이, 또는 심리 치료에 관심을 가진 이에게는 도움이 될 것으로 생각된다.

이 책은 뇌과학을 전공한 심리학자이면서 명상 수련자인 필자가 지난 수십 년 동안 명상이라는 마음 수련과 뇌의 관계에 대해 가졌던 관심을 정리해 본 것이다. 지난 10여 년 동안 학술 모임, 특강, 세미나, 컨퍼런스, 방송 등에서 발표했던 자료와 강의안을 모아 그 내용으로 삼았다. 이렇게 원고를 정리하여 모은 필자의 뜻은 명상 수행으로 행복한 마음을 담는 뇌를 만들어, 밝고 맑은 마음이 넘쳐흐르는 행복의 수원지를 만들어 보는 데 있다.

이 책은 크게 세 부분으로 구성된다.

첫 번째는 '우리의 마음은 괴롭다'는 대전제를 바탕으로 해서 괴로움의 정체를 밝히고, 어떻게 하면 이 괴로움으로부터 벗어나 행복한 마음이 가득한 뇌로 만들 수 있을까를 생각해 보았다.

두 번째는 괴로움으로부터 벗어나 행복한 마음을 담는 행복한 뇌를 만들기 위한 실제적인 명상 실천법을 다루었다. 특히 필자가 개발, 지난 20여 년 동안 소개해 온 한국형 마음챙김 명상(K-MBSR)에 대한 내용을 담았다. 더불어 여러 명상 수련법에 대한 유도문을 실어 명상을 직접 체험해 볼 수 있도록 하였다. 명상 유도문을 읽고서, 혹은 직접 녹음해서 사용해도 좋지만 혹시 모를 수고를 덜기 위해 명상 유도문을 녹음한 음성 파일을 다운로드하여 활용할 수 있도록 하였으니 명상에 관심이 있는 독자들에게 도움이 되길 바란다.

세 번째는 명상의 과학, 다시 말해 명상의 임상적 치료 효과와 명상으로 달라진 뇌의 기능과 구조를 최신 과학적 자료를 중심으로 소개하였다. 명상을 둘러싼 신비주의적 태도를 의학적, 뇌과학적, 심리학적 견해로 바꾸고자 함이다.

이 책을 쓰는 데 도움 준 분이 많다. 그간 제 책들을 읽고, 강의를 들어 주시고, 후원해 주신 수많은 분들께 감사드린다. 특별하게 관심을 갖고 후원해 주신 진두IS의 손관헌 대표님과 여러 분들, 조선뉴스프레스의 함영준 고문님, 국회 정각회 회장이신 주호영 의원님, BBS 불교방송 TV와 BTN 불교TV 관계자님, 불광출판사 류지호 대표님, 한국명상학회 윤병수 회장, 그리고 사랑하는 가족들께 두루 감사의 말씀을 드립니다.

2019년 3월
대구 시지동 심경정사(心耕精舍)에서
장현갑

차례

제2부 ——— **괴로움의 실제적 대처 : 명상 수련**

21세기
벽두에 부는
명상 열풍

왜 현대인은 명상에 열광하는가

21세기에 접어들면서 눈에 띄는 변화들 가운데 하나가 전 세계적인 명상 열풍이다. 두드러진 열풍 몇 가지만 소개해 보자.

2003년 8월 3일자《타임》은 "명상의 과학(The Science of Meditation)"을 표제 기사로 다루었다. 21세기 시작과 함께 개인적으로는 미국의 저명 정치인, 영화배우, 기업가 등에서부터, 공적으로는 의료기관, 군대, 학교, 대기업에서까지 명상을 하고 있다는 사실과 함께 명상이 특정 종교의 마음 수련을 넘어 의학적·과학적 연구의 관심과 실제적 치료와 활용의 대상으로 되었다는 것이 그 주된 내용이었다.

2005년 1월 3일자《워싱턴포스트》는 "명상이 뇌를 충전시킨다"를 신년 특집 기사로 다루었다. 20세기까지만 하더라도 뇌는 결코 변화되지 않는 안정적인 것으로 알고 있었는데 21세기에 들어와서는 명상과 같은 마음 훈련이 뇌를 기능적·구조적으로 바꾸어 놓는다는 과학적 연구가 주목을 끈다는 것이다. 같은 해 9월《뉴스위크》는 마음챙김(Mindfulness) 명상에 관한 특집호를 발간했다. 여기서는 많은 환자들이 스트레스로 인한 온갖 종류의 병을 얻었고, 스트레스를 감소시키는 데는 마음챙김 명상이 탁월한 효과를 갖는다는 것이 밝혀지면서 명상이 새로운 의료의 패러다임으로 등장하고 있음을 강조하였다.

2005년 11월 30일, 신경과학회(Society for Neuroscience)는 워싱턴 DC에서 열린 연차 학술대회의 기조 연설자로 불교 지도자 달라이 라마 스님을 초청했다. 권위 있는, 그리고 최첨단인 '과학' 학회에서 학술대회의 기조 강연자로 승려를 초대했다는 것은 참으로 놀랄 만한 일이었다. 더구나 강연 주제가 '신경가소성(Neuroplasticity)', 즉 명상과 같은 마음 수련에 의해 뇌가 변화한다는 것이었기에 주목을 끌었다.

달라이 라마 같은 승려이자 명상가가 이러한 강연을 하게 된 데는 특별한 연유가 있다. 2004년 10월 인도 북부 다람살라에서 달라이 라마와 저명한 신경과학자, 심리학자들이 함께 1주일 동안 "뇌도 변화될 수 있는가?"에 대해 집중 토의를 벌였다. 신경과학의 뜨거운 주제인 "뇌의 기능이나 구조가 후천적 경험이나 훈련에 의해 바뀔 수 있을까?"에 대해 불교 지도자가 문제를 제기하고 관련 전문 과학자들이 참가하여 진행된 이 토론은 세계적 관심을 끌었다. 당시만 하더라도 뇌는 어린 시절에 일단 형성되고 나면 구조가 바뀔 수 없다는 것이 정설이었다. 그런데 달라이 라마는 "마음과 생각이 뇌에 영향을 미칠 수 있고, 뇌 또한 마음에 영향을 미칠 수 있어서 마음과 뇌 사이에 양방적 작용이 있다."라고 주장했다.

심리학 분야에서도 뇌과학이나 의학에서처럼 엄청난 명상 열풍이 일어났다. 20세기까지만 하더라도 정통 심리학 교과서에서는 명상을 주제로 거의 다루지 않았지만 21세기 벽두부터 심리학 연구 주제 가운데 "마음챙김"이 중요 토픽으로 등장했다. 2005년 이후 미국 심리학회에 "마음챙김"이 키워드로 등장한 뒤, 마음챙김은 심리 치료의 새로운 주류(mainstream) 가운데 하나로 자리매김하였다. 이때부터 마음챙김 명상을 "인지 행동 치료의 제3물결"이라 칭하게 되었고, 거의 50퍼센트에 달하는 심리 치료 전문가들이 마음챙김 명상을 임상에 적용하게 되었다.

2014년 2월 3일자 《타임》은 "마음챙김 혁명(Mindful Revolution)"을 표제 기사로 실었다. 여기서는 마음챙김 명상의 물결이 병원에서의 환자 치료, 각종 학교의 수업 장면 개선, 산업 장면에서의 생산성 증가, 창의성과 리더십 함양, 군사 작전의 효율성 개선, 일반인들의 정신 건강 관리에 이르기까지 다양한 분야에 걸쳐 엄청난 변혁을 초래하고 있다고 강조했다.

미국심리학회지 가운데 하나인 《아메리칸 사이콜로지스트 (American Psychologist)》는 2015년 10월호에 "마음챙김이 치료가 된 시대(When Mindfulness is therapy)"라는 제목의 특별 논문을 실었다. 이 논문에 따르면 2014년 한 해 동안 마음챙김을 주제로 한 773편의 연구 논문이 출간되었다. 마음챙김이 처음으로 임상에 도입된 1980년에는 단 한 편의 연구 논문도 출간된 적이 없었던 것에 비하면 폭발적인 관심의 증가라고 평가하면서 마음챙김을 임상에 적용할 때의 주의 사항과 윤리적인 문제 등을 언급하였다.

이런 현상은 한국에서도 예외가 아니다. 1998년 필자 등이 마음챙김 명상 프로그램 개발자인 존 카밧진의 『총체적 재앙의 삶(Full Catastrophe Living)』을 번역하여 『명상과 자기치유』란 제목으로 출판한 후의 일이다. 필자와 뜻을 같이 하는 20여 명의 심리학자, 의사, 교수, 신문기자, 사업가 들이 이 책의 윤독회를 겸해 매주 한 번씩 만나 명상과 심신의학에 대해 강의하고 마음챙김 명상을 수련하는 시간을 가졌다. 그리고 2004년 가톨릭대학교 의과대학에 국내 처음으로 통합 의학 교실이 만들어지면서 각종 만성병 환자를 치료하기 위한 통합 의학 치료 프로그램이 필요하게 되었다. 그래서 필자가 주도하여 '한국형 마음챙김 명상 치유 프로그램(K-MBSR)'을 개발하기 시작했다.

이렇게 개발된 K-MBSR을 2005년 한국심리학회 연차 발표회에 선보인 이후, 국내에서도 심리학을 중심으로 명상 치료에 대한 관심이 일기 시작하였다. 그 예로 2006년 한국임상심리학회는 마음챙김 명상 심포지엄을 통해 K-MBSR의 임상 적용 가능성을 소개하였고, 같은 해 가톨릭대학교 의과대학 성모병원에 국내 최초로 통합 의학 센터를 개설하면서 K-MBSR을 만성병(성인병) 환자를 위한 공식 치료 프로그램으로 선보였다. 2009년에는 임상심리학자와 건강심리학자를 중심으로 "한국명상치유학회"가 만들어지고, 2015년에는 한국명상치유학회가 "사단법인 한국명상학회"로 발전하였다. 그동안 수

많은 명상 치유 전문가가 탄생하여 각급 학교와 대기업, 그리고 임상 치료 현장에서 전문가로 활동하고 있다.

그렇다면 왜 21세기에 접어들면서 전 세계적으로 명상 열풍이 불기 시작한 걸까? 가장 큰 이유는 명상이 스트레스에서 기인한 각종 만성병의 치유와 예방에 효과적이란 것이 과학적으로 입증되었기 때문이다. 오늘날 일차적으로 외래를 찾는 환자의 약 80~90퍼센트 정도가 병의 원인이 생물학적으로 밝혀지지 않는 환자(주로 마음의 고통, 즉 스트레스에서 기인한)로 추정된다. 이런 경우 약물만으로는 근본적인 치료가 되지 않는다. 그런데 이런 환자에게는 스트레스를 효과적으로 대처해 주는 명상 치유 프로그램이 효과적이라는 것이 과학적으로 입증되었다.

그러면 어떤 환자들이 마음챙김에 기반한 스트레스 감소(Mindfulness based stress reduction, MBSR) 프로그램의 대상 환자일까? 대체로 생물학적으로 원인을 밝힐 수 없는 각종 만성통증 환자, 체중 조절이 필요한 환자, 스트레스에 민감한 환자, 불안감을 가진 환자, 인간관계에 문제를 가진 환자, 우울감을 느끼는 환자, 트라우마 후 증후 장애(PTSD) 환자, 강박장애 환자, 각종 암 환자나 만성병 환자 등이다. 그 밖에 주의 집중이 되지 않아 산만한 학생들의 학습 능력 개선, 비정상적인 불안과 공포 때문에 군 복무 수행이 저조한 사람이나, 산업체에서 스트레스를 완화시켜 생산력·창의성·리더십의 함양과 삶의 질을 높이기 위해 명상이 활용되고 있다.

이처럼 다양한 분야에서 마음챙김을 비롯한 각종 명상 프로그램이 실제로 활용되고 있다. 다만 경계할 점은 마음챙김 명상이 초기불교의 마음 수련 방법에서 연유된 것임에도 불구하고 오늘날 환자 치료에서는 마음 수련의 근본적 의미와 수행을 간과한 채, 오직 효과 위주로만 적용되고 있기 때문에 부작용과 윤리적 문제점이 발생하고 있다는 점이다.

명상은 새로운 뇌를 만든다

요즈음은 뇌과학, 의학, 및 심리학 등의 분야에서 '신경가소성'이란 개념을 많이 사용하고 있지만, 20세기까지만 하더라도 뇌를 구성하는 신경원(뉴런)들은 어린 시절 형성되어 사춘기가 지나고 나면 변화하지 않는다는 개념이 지배적이었다.

　이 개념은 20세기 초 전설적인 신경해부학자 스페인의 라몬 이 카할(Ramon Y Cajal)이라는, 노벨생리의학상 수상자가 주장한 개념이어서 오랫동안 의심의 여지가 없는 것으로 간주되어 왔다. 그런데 21세기에 들어서면서 신경 세포도 질적·양적으로 변화될 수 있다는 새로운 개념이 등장한다. 쉽게 말하면 명상과 같은 마음 수련에 의해 성인의 뇌도 기능적으로나 구조적으로 바뀔 수 있다는 뜻이다.

　신경가소성에 대한 개념은 20세기에도 있었지만 크게 주목 받지 못했다. 예컨대 위대한 심리학자의 한 사람으로 추앙받았던 캐나다의 도널드 올딩 헵(Donald Olding Hebb)은 1949년에 『행동의 조직

(Organization of Behavior)』이란 유명한 책을 저술했다. 그는 이 책에서 뇌를 구성하는 뉴런(신경 세포)들이 함께 활동할 때 참여하는 뉴런들 사이에 연결이 이루어진다는, 이른바 '세포 조립(cell assembly)' 이론을 제안했다. 어떤 특정한 정신 활동이 특정한 신경 연결 구조를 새롭게 만들어 낸다는 이 이론은 우리가 떠올리는 특정한 생각이나 감정이 우리 뇌에 특정한 흔적을 남긴다고 주장한다. 그러면서 모든 사람들의 생각이 제각각이고, 경험하는 내용 역시 제각각이기 때문에 사람마다 독특한 뇌 연결 구조가 만들어진다고 말한다.

이 책이 출간되었던 20세기 중반에는 이를 증명할 수 있는 직접적 방법이 없었기에 이 주장은 하나의 가설로만 여겨졌다. 그런데 자기공명 영상(MRI)이나 기능성 자기공명 영상(fMRI)과 같은 특수한 뇌 연구 장비가 개발된 오늘날에는 이 주장이 가설이 아닌 사실임이 입증되었다. 예를 들어 런던과 같은 오래된 도시에서 수십 년간 택시를 운전해 온 택시 기사는 오래된 도시의 좁고 꼬불꼬불한 골목길을 모두 기억해야 하므로 골목길과 같은 공간 기억을 담당하는 뇌 중추 부위인 해마(hippocampus)에 독특한 흔적을 만들어 낸다는 사실을 발견한 것이다.

같은 이치로 수십 년 동안 공감, 연민과 같은 따뜻한 마음을 일으키고 산란한 마음을 안정시키는 마음 수련을 해온 티베트 불교의 스님들은 보통 사람과 전혀 다른 독특한 뇌 구조를 가지고 있다는 것이 입증되었다. 이 스님들의 경우에는 주의 집중력과 행복감을 담당하는 좌측 전전두엽이란 특정 뇌 부위의 활동이 보통 사람에 비해 월등하게 활발하고, 공감, 연민, 자애와 같은 마음을 관장하는 특정 뇌 피질이 구조적으로 더 두껍고, 양적으로 더 크다는 사실이 발견되었다.

이처럼 우리의 마음속에 어떤 생각이나 느낌이 흘러갔느냐에 따라 우리의 뇌는 독특하게 만들어진다. 따라서 평소보다 낙천적으로 생각하고, 행복한 생각을 많이 한다면 '낙천적이고 행복한 뇌'로 만들 수 있다. 그렇게 되면 우리 삶의 질도 나아지고 다른 사람들과의 관계도 개선되어 보다 행복하고 활기찬 삶을 영위해 나갈 수 있다. 즉, 괴로움에 찌든 마음을 좀 더 긍정적으로 생각하고, 행복한 마음으로 바꾸도록 노력하면 우리의 뇌는 번뇌에 찌든 뇌에서 행복한 뇌로 바뀌는 것이다.

그러면 어떻게 해야 이상적인 행복한 뇌를 만들어 낼 수 있을까?

명상이 치료가 된 시대

21세기에 들어와 이전 세기에는 상상도 못했던 새로운 뇌 기능 탐색 도구들이 개발되었다. 그 대표적인 것이 기능성 자기공명 영상(fMRI) 장치이다. 이 장치의 도입으로 마음과 뇌에 관한 새로운 이해의 지평이 열리게 되었다. 그 결과 우리는 행복한 마음가짐과 행복한 뇌의 관계를 보다 구체적으로 이해하게 되었으며, 행복한 삶을 실현하기 위한 구체적 방법도 알 수 있게 되었다.

그 구체적 방법이란 바로 명상 수련으로, 명상에 대한 과학적 관심은 심리학이나 뇌과학 분야에서 많은 연구를 촉발시켰다. 예컨대 1980년은 미국 매사추세츠 주립대학 의료원에 MBSR이라 부르는 마음챙김 명상 치료 프로그램이 처음으로 도입된 해이다. 이때까지만 해도 학계에는 마음챙김 명상에 관해 과학적으로 연구한 논문이 단 한 편도 보고된 적이 없었고 심리학, 의학 또는 뇌과학에서 명상에 대해 언급하면 이상하다는 취급을 받았다. 그러나 35년이 지난 2014년에는 한 해에만 마음챙김 명상에 관한 뇌과학, 의학, 심리학 관련 연구 논문 773편이 여러 전문 학술지에 발표되었을 정도로 마음챙김 명상은 심리학, 의학, 뇌과학 및 스트레스 과학에서 크게 주목을 받게 된다. 이제 마음챙김 명상은 종교적 수련의 의미를 넘어 몸과 마음의 병을 예방하고 치료하는 주류 의료의 하나로 바뀌게 된 것이다.

오늘날의 뇌과학자들은 다양한 명상 방법 가운데에서도 주로 초기불교 수행에 기반을 두고 있는 마음챙김 명상에 주목하여 그것을 집중적으로 연구하고 있다. 그 이유는 바로 불교가 과학과 마찬가지로 신에 대한 믿음을 강요하지 않고, 또한 믿음 그 자체에 특별한 무엇을 기대하지 말라고 가르치기 때문이다. 나아가 불교는 심리학적, 또는 뇌과학적으로 이해할 수 있고, 실제로 검증 가능한 마음의 구조나 마음의 기능에 관한 구체적 이론과 모델들을 제시하고 있어서 과학적으로 연구하기가 용이하다. 『붓다 브레인(Buddha's Brain)』의 저자인 심리학자 릭 핸슨(Rick Hanson)은 이에 대해 심리학, 신경과학, 명상 수련을 각각의 독립된 원으로 표현했을 때 세 개의 원이 교집합 되는 부분이 있는데 이 부분에 대한 과학적 연구가 이제 막 시작되었다고 선언하고 있다.

이처럼 오늘날의 뇌과학자, 심리치료사, 명상 수련자는 정신 활동의 기저가 되는 뇌의 상태와 기능을 긍정적으로 활성화시키는 방법과 효과에 관해 많은 것을 연구하고 있고, 실제 치료에 활용하고 있다. 보람 있고 행복하게 살아가기 위해서는 이기적인 삶에서 벗어나 남과 더불어 따뜻하게 살아가는 이타적인 삶으로 바뀌어야 하고, 탐욕과 미움, 그리고 어리석음으로 가득한 세속적 삶을 반추하고, 타성적 삶의 궤적에서 벗어나 보다 자유롭고 따뜻하며 소박한 삶을 지향해야 된다는 고대의 가르침이 과학의 시대에 사는 현대인들에게 절실한 메시지로 다가왔기 때문이다.

이 책에서는 행복한 삶을 살기 위해서는 어떤 마음가짐으로, 어떻게 명상 수련을 해야 하는지, 그리고 이런 마음 수련이 뇌 활동이나 심신 건강에 어떤 영향을 끼치는지에 대해 과학적 증거를 중심으로 살펴볼 것이다.

깨어난 삶이란 깨어난 뇌를 말한다

우리는 깨달음의 경지란 일상적이고 상투적인 삶에서 벗어나 확연하게 달라진 초월적인 경지라고 생각한다. 그래서 그 경지를 바로 신(神) 또는 절대자와 같은 초월적 존재의 세계로 여기면서, 세속적이고 물질적인 세계를 훨씬 초월해 있는 영적인 경지이므로 객관적 방법으로 접근할 수도 없고 증명하기도 어려운 것이라 믿어 왔다. 깨달음의 경지는 과학의 탐구 영역과는 일치할 수 없는 대상으로 생각했던 것이다.

그러나 최근 뇌과학의 눈부신 발전에 힘입어 마음이라는 오묘한 현상이 뇌의 기능에 크게 의존하고 있다는 것이 객관적으로 밝혀지고 있다. 예를 들어 날이 갈수록 온갖 종류의 정신 장애, 혹은 행동 장애가 뇌 기능의 이상과 상관있다는 사실이 밝혀지고, 역으로 이런 장애의 개선과 치료가 뇌 기능의 개선에 크게 의존한다는 것도 잘 알려지기 시작했다. 그러면서 마음의 세계와 뇌의 세계 사이에 어떤 접점이 있다는 것도 알게 되었다. 그러나 아직 어느 누구도 뇌가 어떻게 마음을 만들어 내고, 또한 마음이 뇌에 어떻게 영향을 미치는지에 대해서는 자세하게 알지 못한다.

흔히 오늘날 과학에 남아 있는 3대 의문으로, 첫째 '무엇이 빅뱅을 야기했는가?', 둘째 '양자역학과 일반상대성 이론을 통합시킬 수 있는 대통일장 이론이란 무엇인가?', 셋째 '의식적 경험에 관여하는 마음과 뇌의 작용은 어떤 관계인가?'를 든다.(Hanson & Mandius, 2009) 이 가운데 세 번째 의문, 즉 마음과 뇌의 관계는 서양철학에서 심신관계론(mind/body problem)이라 불려 왔던 주제로, 지난 수천 년간 철학의 가장 뜨거운 논쟁 거리였다. 이처럼 마음과 뇌의 관계에 대한 의문은 답하기 어려우며, 또한 그만큼 중요한 이슈였지만 21세기에 접어들어 뇌과학의 발전과 함께 많은 의문이 서서히 풀리기 시작하고 있다.

한편 동양철학이나 종교에서 자주 언급하는 "깨친 마음"이란 깨어난 뇌와 관련 있는 것으로 생각할 수 있다. 최근 뇌과학의 연구 가운데는 기능성 자기공명 영상 장치를 이용하여 수십 년에 걸쳐 명상 수행을 해온 티베트 승려들의 뇌 기능을 연구해 보았더니 좌반구 전전두엽의 활동이 우반구 전전두엽에 비해 절대적으로 우세하였고, 깊은 명상에 빠져 있을 때 놀랄 만큼 강력하고 침투력이 강한 특별한 뇌파가 발생한다는 것이 밝혀졌다. 이 뇌파가 발생할 때는 뇌 피질의 여러 영역에 걸쳐 초당 30~80회의 빠른 움직임을 보이는 감마파가 나타나는데 이런 현상을 신경공조성(neural synchrony)이라 한다. 이것은 광범위한 뇌 피질 영역에 펼쳐져 있는 수많은 뇌 세포의 기능들이 하나로 통합되는 공조 현상을 의미한다.

	초당 진동수	신체 상태	특 징
델타(δ)파	1~4Hz	깊은 수면	
세타(θ)파	4~8Hz	각성과 수면 사이	창의성 발현, 문제 해결 능력 증가 명상 상태
알파(α)파	8~12Hz	안정, 휴식	
베타(β)파	12~30Hz	긴장, 집중한 상태 정상적인 활동	생각, 걱정을 할 때 나타남
감마(γ)파	30~80Hz	깊은 주의 집중, 자비심	오랜 기간 명상을 한 경우 특별히 나타남

● 뇌파의 종류와 특징

또한 전두엽의 좌반구 기능이 우반구에 비해 상대적으로 우세하고 감마파가 출현할 때는 정서적으로 유쾌하고, 낙천적이며 긍정적인 기분이 든다. 또한 이때는 주의 집중이 훨씬 수월하고 연민과 자비심이 나타난다. 이처럼 오랫동안 명상 수련을 하면 우리 뇌의 기능은 엄청나게 변화한다. 정서적으로는 부정성에서 긍정성으로, 산만한 마음에서 집중하는 마음으로, 이기적인 마음에서 사랑과 연민에 찬 이타적인 마음으로 바뀌게 된다. 이런 마음의 대변혁 현상이 바로 뇌의 깨침이고, 마음의 깨침이 아니겠는가?

이 책에서는 괴로움에 찌들어 있는 우리 마음을 행복한 마음으로 바꾸어 행복한 삶을 지향하도록 하는 여러 가지 마음 수련 방법들을 알아볼 것이다. 이러한 방법에 따라 일상 속에서 감정과 태도, 그리고 생각을 바꾸는 수련을 거듭함으로써 조금씩 행복한 뇌를 만들어, 행복한 삶이 이루어지도록 하자는 것이다. 또한 이 책에서는 이런 마음 수련을 통하여 몸과 마음의 병이 치유되는 객관적 증거들과 이치, 그리고 명상 수련에 따른 뇌 활동과 뇌 구조의 변화들에 대한 최근의 발견들을 살펴볼 수 있을 것이다.

제1부

괴로움의
정체

: 뇌과학적 이해

제1장

괴로움을
만들어
내는 뇌

삶은 괴로움이다

삶은 기쁨으로 충만하며 마냥 즐겁고 행복으로 가득 차 있다는 듯 찬
미하기도 하지만, 슬픔과 괴로움으로 가득 차 있어 저주하고 한탄하
는 경우도 흔하다. 붓다는 삶을 괴로움[苦]이라 했고, 이 괴로움이 어
떻게 생기는지 그 원인을 살펴 괴로움의 뿌리를 잘라내고, 괴로움이
없는 이상 세계로 나아갈 수 있게 마음을 닦아 가야 한다는 '고집멸도
(苦集滅道)'를 말하였다. 불교에서는 이를 네 가지 성스러운 진리라는
뜻의 사성제(四聖諦) 또는 사제(四諦)라 한다.

　불교에서 말하는 것처럼 삶이 괴로움이라면 우리는 이 괴로움에
서 벗어나 행복한 세계로 나아가야만 할 것이다. 그러면 삶의 괴로움
을 만드는 원인은 도대체 무엇일까?

　괴로움을 야기하는 데는 여러 가지 이유가 있겠지만 삶의 괴로움

은 생존을 위한 몸부림에서 비롯되었다는 진화생물학적 견해가 최근 들어 관심을 끌고 있다. 다시 말해 생존 전략상 문제가 생길 때 괴로움이란 신호가 발생된다는 것이다. 그리고 다음과 같은 세 가지 경우를 괴로움이란 신호가 발생하는 주된 원인으로 간주한다.

먼저 생존 경쟁상 우위나 독점을 취하기 위해 스스로를 외부 세계와 차단하려 하는데, 이때 괴로움이 생긴다. 이때 발생하는 괴로움이 바로 고립감이며 단절감이다. 현대인의 많은 고통 가운데 상당 부분이 바로 이런 단절감에서 기인하는 것이라 볼 수 있다. 생존 경쟁이 그 어느 때보다도 치열한 오늘날의 우리 사회에서 바로 소통과 공감의 부족으로 온갖 괴로운 사회 병리 현상이 빈발하고 있지 않은가?

둘째, 끊임없이 변화하는 자연의 속성에 반하여 억지로 안정성을 유지하려고 애쓸 때 고통이 생긴다. 나 자신을 비롯하여 존재하는 모든 것은 그대로 존재하는 것이 아니라 끊임없이 변화하여 새로운 것으로 바뀌었다가 소멸되어 사라져 버린다. 이러한 변화의 도리를 따르는 것이 너무나도 당연한 이치임에도 불구하고 변화를 인정하려 하지도 않고 받아들이려 하지도 않는 것이 바로 고통의 원인이다.

셋째, 덧없는 출세나 권력과 같은 달콤함을 추구하려 하거나 시시각각 다가오는 위험을 피하기 위해 순간적으로 고통을 연기, 또는 완화하기 위해 일시적으로 쾌락에 탐닉함으로써 괴로움을 잊으려 하는 것이다. 현대인이 일시적으로 쾌락을 주는 알코올이나 약물, 또는 온갖 게임이나 놀이 등에 매달리는 중독 현상이 바로 이런 일시적 쾌락 추구에서 기인한다.

사람은 동물과 달리 미래를 걱정하며 과거를 후회하고 현재의 자신을 비난한다. 게다가 원하는 것을 얻지 못할 때는 실망하고 좌절하며, 좋아하는 것을 상실하면 원망하고 분노한다. 특히 원하는 것, 즉 갈망하는 것을 얻지 못하는 데서 오는 불만과 불쾌감 같은 정신적 괴로움이 주를 이룬다.

이런 괴로운 마음을 일으키는 곳이 바로 우리의 뇌이다. 동물들은 뇌가 복잡하게 발달되어 있지 않기 때문에 심각한 심리적 고통을 느끼지 않지만, 인간은 고도로 발달된 뇌 때문에 갈등과 고뇌와 같은 온갖 종류의 정신적 고통을 경험한다. 그러나 뇌는 고통을 치유하는 곳이기도 하다. 따라서 뇌의 기능을 잘 이해하면 고통의 원인도 알 수 있고, 고통의 치료 방법을 알아내는 것도 가능할 것이다. 흔히 고통의 치료를 위해 인공적으로 합성한 화학 물질, 즉 약물을 치료제로 사용하는데 이런 약물 치료는 기껏해야 몇 시간 동안만 효과가 있을 뿐 시간이 지나면 다시 고통이 시작된다. 이때는 전보다 더 많은 용량의 약물을 사용해야 하고, 이를 반복하다 보면 약물 남용 또는 약물 중독에 빠지기도 한다.

그러나 오늘날 약물이 아닌 마음의 힘에 의해 고통이 치료될 수 있다는 플라시보(Placebo) 효과가 과학적으로 입증되면서 심신의학 (Mind/Body Medicine)이라는 새로운 의학이 태동하는 계기가 되었다. 이 플라시보 효과의 치료 원리가 바로 명상이란 마음 수련이다. '명상이 각종 만성통증의 치료에 효과가 있다'는 과학적 발견이 바로 명상의 효과 가운데 가장 두드러진 것이기도 하다.

괴로움을 생성하는 뇌

우리의 삶은 기쁨보다는 괴로움이 월등히 많다. 긴장, 실망, 걱정, 갈등, 슬픔, 외로움, 분노 등등 실로 다양한 형태의 괴로움이 우리의 삶을 어렵게 하고 있다. 우리는 이러한 괴로움을 이기고 보다 행복하고, 평화롭고 사랑에 넘치는 삶을 살아가고자 애쓰고 있지만 구체적으로 어떻게 해야 할지 막막하다.

행복한 삶을 살기 위한 제1단계는 무엇보다 괴로움의 정체를 바로 알아보는 것이다. 그렇게 하기 위해서는 괴로움의 발생이 뇌와 어떤 관련이 있는지 살펴보아야 한다.

우리의 뇌는 끊임없이 접근해도 될 대상과 회피해야 할 대상을 순간순간 구분한다. 예컨대 으슥한 산모퉁이를 돌아가는데 갑자기 꾸불꾸불하게 생긴 무언가가 눈에 들어왔다고 하자. 이것에 접근해도 될지 아니면 피해야 할지 순간적으로 결정해야 한다. 이때 뇌에서는 극히 짧은 시간 동안 엄청나게 복잡한 신경 회로의 활동과 신경 전달물질의 활동이 동시에 일어난다. 그 물체가 뱀으로 판단되었다면 재빨리 피해 가야 할 것이고, 나뭇가지라고 판단되었다면 피할 필요가 없다.

이 재빠른 판단에 주로 관여하는 뇌 부위는 변연계에 있는 편도체(amygdaloid nucleus)와 대뇌피질에 있는 전전두엽(prefrontal lobe)이다. 편도체는 뱀일지도 모른다는 부정확한 판단에 따라 공포라는 불쾌한 감정을 신속하게 불러일으키게 하는 곳이며, 좀 시간이 지나 그것은 나무막대기라는 정확한 판단에 따라 안도감을 느끼도록 해주는 곳은 인지와 판단을 담당하는 전전두엽이라는 부위이다.

　한편 접근할지 아니면 회피할지를 판단하는 신경 전달 물질 체계에는 도파민(dopamine)과 엔도르핀(endorphine) 시스템이 관여한다.

　먼저 도파민 체계는 기대했던 보상이 실제로 이루어지는가 여부에 따라 분비 수준이 결정된다. 보상이 기대 수준에 도달했는가를 알아차리게 해주는 신경기제는 대상회(cingulate gyrus)라는 뇌 피질 부위가 담당하는데, 만약 보상이 기대 수준에 적합하게 도달했다고 판단하면 도파민은 일정 수준의 분비량을 유지하게 된다. 반대로 기대 수준에 이르지 못했다면 도파민 분비는 감소하면서 실망감이나 우울감과 같은 불쾌한 감정이 일어나게 되고, 잇달아 기대 수준을 채우고자 하는 욕구, 즉 갈망이 생기게 된다.

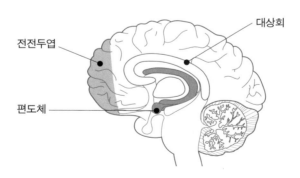

● 판단에 관여하는 뇌 부위

두 번째 쾌감 물질 체계에는 엔도르핀이라는 천연성 아편 물질과 옥시토신(oxytocin), 노르에피네프린(norepinephrine) 등의 신경 물질이 관여한다. 이 물질들이 활성화되면 보상을 추구하게 되고 보상을 얻기 위한 행동을 하게 된다. 예를 들어 목이 말라 물을 마시게 되면 갈증이 해소되어 일시적으로 기분이 좋아진다. 이는 갈증이 해소되면서 낮아진 도파민 수준이 올라가고, 이로 인해 쾌감 물질이 분비되어 기쁨이란 보상을 만들어 주기 때문이다.

그런데 문제가 되는 것은 쾌감이 괴로움의 원인이 되기도 한다는 점이다. 왜냐하면 비록 욕망이 충족되었다 하더라도 그 보상이 언제나 만족할 만한 수준에 이르지는 못하기 때문이다. 우리가 힘써 일하여 받은 보상, 즉 칭찬이나 보수가 그토록 감동적이고 오랫동안 지속되는 것이었던가? 또는 보상이 훌륭했다손 치더라도 그것을 얻기 위해 그처럼 비싼 대가를 치러야 하는가? 공짜는 아예 없고 받은 보상은 언제나 치른 대가에 못 미치는 경우가 대부분이다. 설령 원하는 것을 얻었고 그것이 진정으로 훌륭하며, 지불한 대가가 그리 크지 않았다 하더라도 즐거웠던 경험들은 금방 시들어 가다가 드디어는 사라져 버린다.

우리는 애써 산의 정상에 올라도 반드시 하산해야 하고, 좋은 사람과 만나 좋은 인연을 짓고 즐겁게 산다 하더라도 언젠가는 서로 헤어져야 한다. 자녀가 먼저 독립하고, 배우자도 떠나가고, 직장도 그만두어야 하고, 친구와도 헤어져 드디어 숨을 거두는 날을 맞이하게 된다. 그러므로 완전하게 만족스런 경험이 영원히 지속되는 일은 결코 없다. 즐거움을 쫓아 봤자 그것은 일시적일 뿐 언젠가는 허망한 모습으로 되돌아오는 것이다. 이런 찰나적이고 물거품 같은 덧없는 것들이 바로 괴로움의 정체이다.

뇌의 부정적 편향성

우리의 뇌는 접근보다는 회피에 더 민감하게 반응하도록 특징화되어 있어서 보상보다는 처벌에 대해 더 강력하고 민감한 반응을 보인다. 이는 진화 과정에서 부정적인 경험이 긍정적인 경험보다 생존에 더 결정적인 역할을 해왔기 때문이다. 긍정적인 것에는 다소 늦게 반응해도 생존에 별 문제가 생기지 않지만 포식자의 습격과 같은 부정적인 것에 대한 반응은 순간을 놓치면 생존에 절대적인 위협이 된다. 그리고 이런 부정적 사건에 대한 과민함은 진화 과정을 거치며 다음과 같은 몇 가지 부정적 심리 현상을 남겼다.

첫째는 위협자에 대한 경계심에서 파생된 불안감이 우리 마음의 가장 중요한 특징이 되어 버린 것이다. 우리는 아무 일도 하지 않고 쉬고 있는 동안에도 편안한 마음이 일어나지 않고 불안감과 경계심이 주로 일어난다. 이것은 수백만 년 동안의 진화 과정 속에서 쫓기고 쫓는 역사를 되풀이해 오면서 위협자의 습격에 대한 불안과 경계심을 야기하는 특별한 유전자가 만들어졌기 때문이다.

둘째, 부정적인 자극 정보에 대한 예민성이다. 우리의 뇌는 부정적인 자극 정보를 긍정적인 자극 정보보다 훨씬 빨리 감지한다. 예컨대 공포감을 불러일으키는 표정은 행복감을 불러일으키는 표정보다 훨씬 빨리 인지되는데, 이는 위기 관리를 재빨리 하는 것이 생존에 보다 유리했기 때문이다.

셋째는 부정적 경험을 긍정적 경험보다 우선적으로 기억한다는 것이다. 부정적 경험이 생존에 중요하게 작용하는 것과 마찬가지로 부정적 경험에 대한 기억은 미래의 생존에도 유리하므로 우선적으로 기억해 두지 않으면 안 된다. 따라서 우리의 기억 창고는 어둡고 스산하고 불쾌한 부정적 기억들로 가득 차 있다.

넷째, 실패한 경험을 성공한 경험보다 더 많이 저장한다. 우리는 몇 번의 실패 경험으로 무력감이나 우울감에 빠진 이후부터는 수많은 성공 경험을 체험하고서도 거기에서 좀처럼 헤어나지 못한다. 한 연구 결과에 따르면 부정적 관계 경험 하나를 만회하기 위해서는 최소한 다섯 번의 긍정적 관계를 경험해야만 한다고 한다. 예컨대 여자친구에게 평소 잘해 주었지만 어쩌다 한 번 잘못했을 경우 앞으로 다섯 번 정도는 잘해 주어야만 평소 상태로 돌아온다는 것이다. 이처럼 우리의 뇌에는 '부정적 경향성'이 '긍정적 경향성'보다 월등히 더 강력하게 작용하기 때문에 괴로움이 즐거움보다 더 쉽게 촉발된다.

다섯째, 부정적 경험은 분노, 슬픔, 우울, 죄책감, 수치심 등으로 순식간에 확산되어 간다. 또한 부정적 경향성은 과거에 있었던 실패나 상실의 감정을 더욱 쉽게 연상하고 강조하게 되어, 현재의 가능성을 더욱 낮게 평가하며, 미래에 일어날 실패를 더욱 과장하여 예언하게 된다. 그 결과 우리의 마음은 나 자신은 물론 다른 사람의 성격, 행동, 가능성에 대해 긍정적 평가보다는 부정적 평가를 더 많이 강조하려는 경향을 띤다.

　이런 '뇌의 부정적 편향성'은 끝내 우리 자신을 무력감 속으로 몰고 간다. 따라서 우리의 정서는 일반적으로 어둡고 스산하고 우울하고 불안하고 공격적인 것이 특색이라 할 것이다. 이러한 성향이 바로 괴로움의 원인이 된다.

괴로움을 만들어 내는 전전두연합령

인간의 뇌는 객관 세계를 있는 그대로 반영하는 것이 아니라 모의실험, 즉 시뮬레이션(simulation)한 세계를 반영한다. 따라서 우리가 살아가는 세계는 실제로 존재하는 세계라기보다 시뮬레이션한 상상의 세계이다. 우리 이마 바로 뒤에 있는 뇌 부위를 '전전두엽'이라 부르는데, 이곳에서는 단편 영화 같은 짧은 상상의 영상이 계속하여 상영된다. 그리고 이 '단편 영화'들이 우리들의 정신 활동의 대부분을 이룬다.

　지난 200~300만 년 동안 인간의 뇌는 크기가 약 3배 정도 증가하였는데, 증가한 뇌의 영역은 주로 시뮬레이션을 담당하는 대뇌연합령이라 부르는 곳이다. 인간의 뇌에서 시뮬레이션을 담당하는 대뇌연합령이 더욱 커졌다는 것은 시뮬레이션 능력이 인간의 생존에서 매우 중요했다는 증거이기도 하다. 그러나 불행하게도 오늘날 우리의 뇌는 생존과는 아무 관련 없는 상황에서도 시뮬레이션을 계속하고 있다. 우리의 뇌는 가만히 앉아 있는 동안에도 쉬지 못하고 온갖 종류의 상상과 백일몽을 쏟아 내고 있는 것이다. 그리고 시뮬레이션하여 쏟아 낸 이 상상의 편린들이 우리의 의식 세계를 가득 채우고 있다.

그렇다면 이런 상상의 세계는 과연 현실을 반영한 진실한 세계인가? 가끔은 진실한 것일 수도 있지만 대부분이 그렇지 않다. 시뮬레이션에 의한 상상의 세계에서는 지금 이 순간 여기서 일어나고 있는 실제 사건과는 관계없이 별로 대단치도 않는 쾌감을 쫓거나 두렵지도 않는 허상으로부터 도망가는 데 급급하다. 따라서 진정으로 중요한 현실적 만족감이나 내적 평화감과 같은 참으로 중요한 마음 세계는 인지하지도 못하고 놓치고 만다.

또한 이 상상의 세계는 과거의 불쾌한 기억을 끊임없이 반추함으로써 불쾌감과 관련되어 있는 신경망의 기능을 더욱 강화시키고 미래의 위협을 더욱 확대시킨다. 그래서 시도 때도 없이 경고 신호를 울려 대어 온갖 불안과 근심을 증대시킨다. 그러므로 이런 걱정거리는 실제로 일어난 현실이 아니라 상상에 불과하다. 따라서 설령 걱정했던 일이 일어난다 하더라도, 상상했던 것만큼 대단하지 않은 시시하기 짝이 없는 것들이다.

아무튼 뇌 속 전전두엽에 있는 시뮬레이터에서 만들어 낸 상상의 세계는 허망한 가상의 현실이지 진짜 현실이 아니다. '한 생각이 일어난다는 것은 곧 환상이고 꿈일 뿐'이란 말은 바로 전전두엽의 시뮬레이터에서 만들어 낸 가상 현실에 불과한 허상을 가리키는 것이다.

따라서 괴로움이란 뇌 속 시뮬레이터에서 만들어 낸 한갓 허망한 세계일 뿐 진실한 현실적 세계가 아니란 것을 정확하게 아는 것이 고통에서 깨어나는 데 가장 우선적인 일이다. 다음으로 중요한 일은 온갖 괴로움을 만들어 내는 이곳, 즉 전전두엽의 과잉 활동을 멈추게 하는 마음공부, 즉 명상 수련을 하는 일이다.

뇌에 관한 기초 지식

○ 인간 성인의 뇌는 무게로 치면 1.4~1.5킬로그램 정도로, 몸무게의 약 50분의 1을 차지한다. 사람보다 무거운 뇌를 가진 동물은 고래와 코끼리인데, 고래의 뇌는 약 8킬로그램(체중의 2000분의 1), 코끼리의 뇌는 약 5킬로그램(체중의 2000분의 1)이다. 사람의 뇌가 다른 동물에 비해 체중 대비 비율이 월등히 높은 것은 대뇌가 커진 데서 기인하는데, 이는 곧 인간이 다른 동물에 비해 뇌의 진화가 월등히 앞선다는 뜻이다. 특히 '연합령'이라고 하는 고등 정신을 관장하는 뇌 부위가 월등하게 커지면서 온갖 생각을 하고, 감정을 풍부하게 느끼게 되었다. 그리고 그 덕택으로 인간은 만물의 영장이 되었다.

○ 인간의 뇌를 이루는 신경 세포를 뉴런(neuron)이라 부르는데, 뇌 속에 약 1,000억 개가 있다. 그리고 뉴런을 지지해 주고 보호해 주는 세포, 즉 신경교세포(neuroglia)는 뉴런의 10배, 즉 1조 개 정도 있는 것으로 추정한다. 하나의 뉴런은 평균 5,000개의 다른 뉴런들과 시냅스(synapse)라고 하는 특수 구조를 통해 서로 연결된다. 뉴런 사이에 일정한 공간을 두고 연결되는 시냅스를 통해 독특한 신경 전달 물질을 주고받으면서 정보가 전달된다.

○ 하나의 뉴런 내에서는 전기 활동에 의해 정보가 전달되고 뉴런들 사이에서는 화학적 활동에 의해 정보를 소통한다. 뉴런과 뉴런 사이에 반복적으로 정보 소통이 이루어지면 둘 사이의 연결은 공고해지고, 그렇게 하여 뉴런과 뉴런 사이의 상호 작용은 기억이란 것을 만들게 된다. 이 기억을 근거로 해서 판단하고, 추론하고, 해석하는 것이 고등 정신 현상이다.

○ 우리 인간 성인의 뇌의 무게는 전체 몸무게의 2퍼센트 남짓이지만, 2퍼센트에 불과한 뇌가 몸 전체가 쓰는 에너지의 20~25퍼센트를 쓴다. 다시 말해 뇌는 몸에 비해 약 10배 이상의 에너지를 쓴다는 것이다. 이로 미루어 뇌가 몸에 비해 얼마나 많은 일을 하고, 분주하게 움직이고 있는가를 알 수 있다. 신체보다 훨씬 격렬하게 움직이는 뇌를 건강하게 유지하기 위해서는 자주 휴식을 취하게 해주고 안정을 도와주는 명상이 더욱 필요하다.

제2장

마음의 괴로움이 온갖 종류의 병을 만든다

자초하는 괴로움

몸이 아파 병원에 가는 것은 생명을 보존하기 위한 기본 행동이라고 할 수 있다. 그러나 몸의 어디가 아프다고 꼭 집어 말할 수는 없지만 마음이 아파 병원에 가는 경우도 너무나 많다. 예컨대 사랑하는 배우자나 자식이 육체적으로나 정신적으로 상처를 입으면 슬퍼하고 그들이 불행이나 위험에 직면하면 괴로움으로 몸을 떤다.

옛날 사람들이 말하던 삶의 괴로움을 현대에는 '스트레스'라 부른다. 오늘날 과학자들은 많은 스트레스 경험 가운데 가장 점수가 높은 것이 배우자의 죽음이고 그 다음으로 높은 것이 바로 이혼, 부부간 별거, 그리고 자식이나 절친한 사람들의 죽음과 같은 인간관계의 상실 또는 단절을 주된 사건으로 꼽는다. 붓다도 삶에 있어서 가장 힘든 네 가지 고통 가운데 하나로 사랑하는 사람과의 헤어짐[애별리고(愛別

離苦)]을 꼽았다. 이처럼 나와 가까운 관계를 맺어 온 사람과의 일시적 혹은 영원한 헤어짐, 즉 단절은 마음에 가장 큰 아픔을 준다.

붓다는 피할 수 없는 몸과 마음의 괴로움을 존재의 "첫 번째 화살"이라고 했다. 인간이 살아가고 사랑하는 사람과의 관계를 이어 가는 한, 첫 번째 화살은 피할 수 없는 숙명이자 괴로움의 기본이다. 그러나 첫 번째 화살이 어느 누구도 피할 수 없는 숙명적인 것이라면, 이 첫 번째 화살에 대한 해석과 반응으로 쏘아 대는 두 번째 화살은 더욱 큰 아픔을 자아낸다. 그리고 두 번째 화살로 인한 아픔이 바로 우리들이 삶 속에서 겪는 대부분의 진한 아픔이다. 예컨대 한밤중에 어두운 방을 지나가다 의자에 발이 걸려 발가락을 다쳤다. 다친 발가락의 아픔은 첫 번째 화살로 인한 어쩔 수 없는 것이지만 "어느 놈이 여기에 의자를 갖다 두었어?"라고 화내는 순간, 이곳에 의자를 옮겨 놓은 자기 자신을 향해 쏜 두 번째 화살이 아픔을 배가한다. 또는 아내에게 위로받기를 원했는데, 아내가 무표정하게 있다면 '아내로부터 무시, 또는 거부당했다는 느낌' 때문에 아내를 향해 쏘아 대는 비난도 두 번째 화살이다. 이처럼 두 번째 화살, 즉 분노의 표출은 아내로부터 위로받지 못했다는 서운함과 자기 스스로에게 화를 내게 된 자책감과 같이 스스로를 향해 쏘아 대는 아픔의 화살이다.

그러나 보다 나쁜 것은, 때로는 긍정적인 상황에 대해서조차 두 번째 화살을 쏘아 댄다는 것이다. 예컨대 누군가가 자기를 칭찬해 주었다면 이는 긍정적인 것인데도 불구하고, 이 칭찬을 빈정거림이나 욕으로 해석하여 "나를 놀리려고 칭찬하는 척 하는 것 아니냐." "저 녀

석의 저의가 의심스러워." 등과 같은 불필요한 두 번째 화살을 마구 쏘아 댄다. 그러면 괴로움이 뭉게구름 피어나듯 더욱 커져 나간다.

괴로움의 전파 경로

두 번째 화살의 독은 마음으로부터 몸으로 퍼져 나간다. 이러한 괴로움의 전파 과정이 바로 마음의 괴로움이 몸의 괴로움으로 전환되는 과정이다. 그 전파 과정을 구체적으로 살펴보자.

　괴로움의 전파는 다음과 같은 두 개의 해부학적 경로를 거쳐 온몸으로 전파된다.

　첫 번째 경로가 교감신경계(sympathetic nervous system, SNS)를 거치는 통로이고, 두 번째 경로는 시상하부 – 뇌하수체 – 부신을 축(hypothalamic-pituitary-adrenal axis, HPA-axis)으로 연결하는 내분비 경로이다. 언뜻 보기에는 두 경로가 뚜렷하게 구분되는 다른 경로인 것처럼 보이지만 실은 구분하기 힘들 정도로 거의 동시에 작용한다. 사실 이 두 경로는 분노, 두려움, 긴장 등과 같은 부정적인 정서의 전파와 밀접하게 관련되어 있다.

　첫 번째 괴로움의 경로는 뇌 속 변연계에 있는 편도체가 정확한 알아차림 없이 입력된 정보를 섣부르게 위험한 것으로 판단하여 경고음을 울려 대는 데서부터 시작한다. 편도체에서 시작되는 이 경고 신호는 뇌 속의 중계센터라 부르는 시상(thalamus)이라는 정거장을 거쳐 뇌간에 있는 청반(locus coeruleus, LC)이란 곳으로 신호를 연결시킨다. 청반에서 노르에피네프린(노르아드레날린이라고도 함)을 뇌 전체로 내보내면 몸 전체에 널리 퍼져 있는 교감신경계가 자극되어 주요 장기와 근육에 위험 신호를 보내게 되는데, 그러면 위기 상황에 맞서 싸움을 하거나 도망갈 준비를 갖추도록 하는 비상 상태에 들어간다. 이것이 교감신경계를 거치는 괴로움의 첫 번째 통로이다.

두 번째 경로는 편도체에서 시작된 경고 신호가 내분비계를 일차적으로 조절하는 시상하부(hypothalamus)라는 뇌 신경 기구에 영향을 주는 데서 시작된다. 시상하부에서 내분비계의 총사령부에 해당하는 뇌하수체(pituitary body)를 자극하여 부신(adrenal gland)에 명령을 내리면 스트레스 호르몬인 에피네프린(아드레날린이라고도 함)과 코티솔을 분비하게 된다. 에피네프린은 심박수를 높여서 심장이 더 많은 혈액을 분출할 수 있도록 하고. 동공을 확대시켜 더 많은 광선을 수용할 수 있게 하며, 혈액을 다리나 팔과 같은 큰 근육으로 보내어 더 빨리 달리거나 싸울 수 있도록 한다. 한편 코티솔은 면역계를 일시적으로 억제시켜 상처로 인한 염증을 방지하며, 해마의 기능을 억제함으로써 편도체를 더욱 활성화시켜 긴급 상태에 진입하도록 부추긴다. 평상시에는 해마가 편도체의 기능을 억제하지만 코티솔이 해마를 무력화시키면 편도체는 통제를 벗어나 더욱 극성을 떨어 몸과 마음은 더욱 위기 상태 속으로 빠져 들게 한다.

이렇게 되면 편도체가 흥분함에 따라 부정적 감정은 더욱 기승을 부리고, 이성을 지배하는 전전두피질의 통제 능력은 약화되어 흥분된 상태에서 부정적인 방향으로 판단하게 한다. 편도체가 지나치게 활동하는 것은 마치 제어장치가 고장 난 자동차처럼 미친 듯이 폭주하는 꼴과 같다. 우리가 흥분한 끝에 분노를 참지 못해 자제력을 잃는 것이 바로 코티솔의 과잉 분비로 전전두피질과 해마의 기능이 억제됨으로써 일어나는 편도체의 비정상적 과잉 활동 때문이다. 오늘날 각종 폭력성 범죄의 하나로 극성을 부리는 분노 조절 장애와 같은 과잉 폭력 행동이 바로 편도체의 지나친 흥분과 관련되어 있다.

초기 인류가 살았던 과거의 거친 환경 속에서는 편도체의 비상한 반응이 생존에 절대적으로 도움이 되었을 것이다. 그러나 오늘날은 호랑이나 사자와 같은 생명을 위협하던 포식자도 사라졌고, 추위나 배고픔과 같은 스트레스조차 많이 사라졌다. 그 대신 치열한 경쟁이나 미래를 예측할 수 없을 정도로 급속하게 일어나는 환경의 변화, 일상생활 속의 자질구레한 귀찮은 일이나 짜증나는 일 등이 비교적 낮은 수준이지만 만성적인 삶의 괴로움으로 대치되었다. 그리고 일상에서 일어나는 자질구레한 성가신 일들이 쌓여서 현대인이 당면하는 스트레스가 생겨났다.

만성 괴로움이 초래하는 질병

오늘날 사람들이 겪는 괴로움은 생존과 관련된 급격한 위기를 초래하는 첫 번째 화살에 의한 것보다는 자질구레한 스트레스로 인해 스스로를 향해 끊임없이 쏘아 대는 두 번째 화살로 인한 것이 대부분이다. 따라서 오늘날의 삶은 내가 나를 향해 끊임없이 쏘아 대는 두 번째 화살에 의한 희생자가 늘어나고 있다는 특징이 있다. 이러한 만성 스트레스 상황에서는 면역체를 강화시키고 기분 좋은 상태를 유지하도록 장기적인 대처 능력을 강구해야 할 것이다. 그러나 단기적인 위험에만 순간적으로 대처하는 데 급급하기 때문에 심각한 건강상의 문제를 초래하게 된다. 오늘날은 교감신경계와 시상하부 – 뇌하수체 – 부신축(HPA축)으로 이어지는 내분비체계의 만성적인 흥분에 따라 다양한 신체 장기의 기능이 교란되면서 다음과 같은 질병들이 잘 발생한다.

소화기계 질환	위궤양, 대장염, 과민성 대장증후군, 설사, 변비 등
면역계 질환	감기와 독감, 상처가 더디게 아뭄, 감염에 취약해짐
심혈관계 질환	고혈압, 동맥경화, 심근경색이나 협심증 같은 심장발작, 뇌졸중, 혈관성 치매 등
내분비계 질환	II형 당뇨병, 생리 전 증후군, 발기부전, 성욕감퇴
정신신경계 질환	불안, 우울, 만성통증, 불면증

위에 열거한 여러 질병들은 병원균에 의해 발생하는 질병이라기보다 만성적인 스트레스 때문에 생기는 질병이기 때문에 스트레스 관련 질환(stress related disorders)이라 부른다. 사실 외래를 찾은 환자 대부분이 바로 이 범주에 속한다. 따라서 이 환자들의 경우에는 일상생활

속에서 자질구레한 귀찮은 일들을 잘 다루는 삶의 기술을 익힘으로써 스트레스를 적절하게 대처할 수 있도록 하는 것이 질병의 예방과 치료의 핵심이다.

불안과 우울의 창궐

만성 스트레스에 의한 교감신경계의 과잉 흥분, 그리고 시상하부 – 뇌하수체 – 부신 축의 활성이 만성적으로 반복되면 편도체는 분명치도 않는 위협에 대해 더욱 강력하게 반응하고 민감해지게 된다. 이러한 불명확한 위협 자극이나 상태에 대한 민감한 반응은 정신적으로 불안한 상태를 만드는데 이를 상태불안(state anxiety)이라 한다.

또한 편도체는 의식적으로 자각하지 못하는 암묵적 기억을 만들어 내게 된다. 그래서 흐릿한 기억의 잔해에다 공포를 덧칠하여 상황과는 무관하게 보다 진하고 강력하게 지속되는 특성불안(trait anxiety)은 편도체의 민감도가 증가할수록 쉽게 나타난다.

또한 부신피질에서 나오는 코티솔과 같은 스트레스 호르몬은 특히 해마를 공격하기 쉬운데, 그 이유는 해마의 표면이 코티솔의 수용체로 되어 있기 때문이다. 해마는 새로운 기억을 형성하는 기능 외에도 뇌에서 새로운 뉴런이 만들어지는 유일한 곳이기도 하다. 여기에 코티솔이 분비, 공격하게 되면 해마에 있는 뉴런들 간의 시냅스 연결을 약화시켜 새로운 기억이 형성되는 것을 방해하고, 새로운 뉴런이 생겨나는 것조차 막아 기억 형성 능력 자체를 손상시키고 뇌의 용적조차 위축시킨다. 이처럼 만성 스트레스로 인해 분비된 코티솔이 해마의 기능을 손상시킴으로써 치매가 발생된다는 '코티솔 관련 치매 이론'도 제기되어 있다.(Sapolsky, 1994)

편도체가 과도하게 민감해지고 해마가 제 기능을 못하게 되면 신경학적으로 매우 좋지 않은 상태를 초래하게 된다. 즉 괴로움을 주된 내용으로 하는 기억은 암묵 기억으로 기록되는데, 암묵 기억을 만들 때 편도체는 온갖 부정적 감정을 왜곡시키거나 과장하여 명확한 명시 기억을 억압하게 된다. 이런 상태에서의 마음은 "무언지 잘 모를 일이 일어난 것 같은데, 아무튼 몹시 불쾌하고 짜증나는 상태"라고 표현된다. 이러한 불명확한 의식 상태에서 불쾌한 마음이 지속되는 것이 바로 현대인들의 마음 상태라고 말할 수 있겠다. 즉 무언가 막연하고 불쾌하고 불안한 마음이 계속 마음의 밑바닥에 깔려 있어 무언가 조금이라도 마음에 거슬리면 짜증내고 투정부리는 것이 바로 현대인의 심리적 특징이라 할 것이다.

이번에는 현대인에게 우울한 마음이 발생하는 과정을 살펴보자. 교감신경계의 과잉 활성과 시상하부 – 뇌하수체 – 부신 축(HPA축)의 만성적인 활성은 즐거운 마음이 사라지고 불쾌하고 우울한 마음이 우세하게 한다. 다시 말해 노르에피네프린이 분비되면 일시적으로 정신을 각성시키고 기민한 상태를 유지하여 일시적으로 활력을 일으키지만 코티솔이 분비되면 노르에피네프린에 의한 일시적인 각성 상태마저 무너뜨린다. 코티솔의 분비가 늘어나고 상대적으로 노르에피네프린 분비가 감소되면 점차 맥 빠진 것 같은 기분이 들고, 무감동적이 되며 무기력한 상태에 빠져들게 되는데 이것이 전형적인 우울증의 초기 증상이다. 시간이 더 흐르면 코티솔의 과잉 분비는 쾌감과 보상감을 느끼게 해주는 도파민의 생성마저 억제하게 되는데, 그 결과 과거에는 즐거웠던 활동들이 무덤덤해지고 재미없게 느껴진다. 이것이 한 단계 더 진행된 우울증의 증상이다.

이에 더하여 만성적인 스트레스 상태는 세로토닌의 분비조차 낮추게 된다. 세로토닌은 즐겁고 행복한 기분을 유지하는 데 가장 중요한 역할을 하는 신경 전달 물질로, 이것이 감소되면 우울감에 더욱 깊이 빠지고 세상만사에 흥미를 느끼지 못하게 되어 우울감의 정도는 더욱 깊어진다.

이처럼 괴로움이 발생하게 되는 직접적인 원인은 주로 뇌에 있으므로, 뇌를 스트레스에서 해방시키면 괴로움의 정도도 줄어들 것이다. 이제부터 어떻게 하면 괴로움의 발생 원인이 되는 뇌의 기능을 보다 건강하고 행복하게 바꿀 수 있을지에 관해 살펴보기로 한다.

괴로움의 차단

앞에서 우리는 분노라는 두 번째 화살에 따른 반응이 어떻게 교감신경계나 시상하부 – 뇌하수체 – 부신 축을 거쳐 뇌와 몸 속으로 전파되어 병을 발생시키는지 살펴보았다. 교감신경계는 자율신경계를 이루는 한 축으로, 이 신경계의 기능과 길항 작용을 하는 부교감신경계와 매우 밀접한 관련을 맺고 있다. 부교감신경계는 우리 몸에 에너지를 만들어 보존하면서, 지속적이며 항시적으로 사용하도록 해주고, 이완감, 만족감, 또는 평화감이 느껴지도록 한다. 이에 반해 교감신경계는 앞서 본 첫 번째, 두 번째 화살을 쏠 때처럼 분노나 공포와 같은 불쾌한 마음을 발생시키기 때문에 이 신경계를 일컬어 "위기 신경계" 또는 "투쟁·도피 신경계"라고도 부른다.

　자율신경계를 구성하는 교감과 부교감의 두 신경계는 마치 시소처럼 작용하여 한쪽이 올라가면 다른 한쪽은 내려간다. 부교감신경계가 활성화될 때 우리의 몸과 뇌, 그리고 마음은 평화롭게 휴식에 들어가고 교감신경계의 기능은 약화된다. 반대로 위기 상태에서 교감신경계가 많은 에너지를 사용하여 위기에 대처하고 생명을 보존하는 기능을 하고 나면, 부교감신경계는 다시 위기 상태가 되면 사용할 수 있도록 교감신경계가 소모해 버린 에너지를 보충하고 충전해 준다. 또 부교감신경계는 몸과 마음을 침착하고 안정되게 유지시킴으로 더욱 또렷하게 생각할 수 있도록 도와주고, 스스로나 남에게 해를 끼칠 수 있는 성급한 행동을 자제할 수 있게 해준다.

　이처럼 부교감신경계를 활성화시킨다는 것은 몸을 회복시키고, 마음을 침착하고 안정되게 하고, 또렷이 생각할 수 있게 하고, 성급하고 거친 행동을 자제할 수 있도록 하는 것이다. 따라서 이상적인 정신 생리 상태란 교감신경계의 지나친 활성은 진정시키고, 동시에 부교감신경계의 활성을 높여 두 신경계가 서로 균형을 갖추어 조화롭게 활동할 수 있도록 하는 것이다. 불교에서 말하는 마음은 별처럼 또렷하게 각성시키면서도 몸은 고요함 속에 머물도록 하는 성성적적(惺惺寂寂)의 상태란 바로 평정심의 상태이다. 그래서 이런 상태를 이루기 위해 명상 수행을 통해 평정심의 유지를 강조한 것이다.

자, 여기서 스트레스 대처법으로 손쉽게 할 수 있는 호흡 명상을 간단하게 실천해 보기로 하자. 평소보다 약간 깊이 숨을 들이마시고 천천히 내쉬기를 2분에 걸쳐 열 번 정도 반복해 보라.

이렇게 심호흡하면 교감신경계와 부교감신경계가 적절하게 활성화되어 활력을 느끼면서도 동시에 이완이 이루어질 것이다. 이것이 바로 교감신경계와 부교감신경계의 가속 페달과 브레이크 페달을 적절히 밟아 두 신경계가 조화를 이룬 결과이다. 부교감신경계의 활성으로 편안하고 평화로운 마음이 나타나는 동시에 교감신경계도 낮은 수준으로 활성화되어 활력과 열정이 나타난 것이다. 이런 이완 속의 활력 상태가 바로 우리가 이상적으로 생각하는 최상의 컨디션, 즉 평정심 상태이다. 이런 평정심 상태가 지속적으로 유지되도록 하기 위해서는 호흡 명상을 포함하여 여러 가지 방식의 명상 수련이 필요하다. 다양한 명상 수련법과 그 효과에 관해서는 제2부에서 자세히 언급하고 실습해 볼 것이다.

뇌 속의 화학 물질들

○ **신경 전달 물질**

정신 활동은 기본적으로 뉴런과 뉴런이 접합하는 시냅스에서 신경 전달 물질을 주고받음으로써 이루어진다. 뇌 속에는 수많은 신경 전달 물질이 있는 것으로 확인되지만 여기서는 이 책에서 자주 언급되는 몇 가지 중요 신경 전달 물질의 특성과 기능만을 언급한다.

세로토닌(serotonin) : 행복감을 매개한다고 해서 사람들이 '행복 물질'이라 부르기도 한다. 세로토닌은 행복감과 같은 유쾌한 정서뿐만 아니라 수면과 소화 활동도 조절한다. 세로토닌이 부족하면 짜증감, 공격성, 우울감이 나타나고 불면증도 생긴다. 그래서 대부분의 항우울제는 세로토닌의 효과를 높이기 위한 목적으로 사용한다. 세로토닌 분비가 높아지면 우울감이 줄어들고 행복감이 높아지기 때문이다.

도파민(dopamine) : 쾌감이나 보상감을 매개하는 물질이다. 흔히 마약 중독이나 인터넷 중독 등 쾌감 중독과 관련하여 많이 언급된다. 보상감이 기대에 미치지 못하면 불쾌감이 생기고 적절한 보상감을 얻기 위해 도파민을 구하기 위한 행동이 계속되는 것이 바로 중독 행동이다. 도파민이 부족해지면 우울증이나 파킨슨병을 앓을 확률이 높아지지만, 반대로 지나치게 많아지면 쾌락 중독이나 조현병의 발병과 관련된다.

노르에피네피린(norepinephrine) : 노르아드레날린이라고도 부른다. 호기심을 일으키고, 낯선 자극에 대한 경계심, 주의 집중을 높이는 의식의 각성 효과를 일으키는 물질이다. 부족해지면 호기심을 상실하고 무기력해지며 우울증을 촉발할 수 있다.

아세틸콜린(acetylcholine) : 특히 학습과 밀접한 관련이 있으며, 각성과 운동과도 관련이 있다. 이 물질이 줄어들면 건망증이 나타나고 학습 능력이 부조하며 치매의 위험도 높아진다.

○ **신경 조절 물질**[신경펩티드(neuropeptide)]
신경펩티드란 아미노산들로 구성된 작은 분자량의 화합물로, 신경 조절제의 역할을 한다. 대표적인 물질로 부신피질 자극 호르몬(ACTH), 베타엔도르핀(β-endorphin), 옥시토신(oxytocin), 글리코겐(glycogen) 등이 있다.
그중 엔도르핀(endorphin)은 우리의 뇌 속에서 자연스럽게 만들어지는 마약성 물질이다. 스트레스를 완화시키고, 위로감을 주고, 통증을 줄여 주며, 쾌감을 증가시킨다. 옥시토신은 엄마가 아기에게 느끼는 모성애라든지, 부부 간 신뢰에 바탕을 둔 애정과 같은 순수하고 친밀한 인간관계를 유지하게 하는 기능을 한다. 여자들이 남자들보다 인간관계를 더 중시하고 다정한 이유 중 하나가 옥시토신이 더 많이 분비되기 때문이다.

○ 기타 중요 신경 화학 물질

코르티솔(cortisol) : 스트레스가 지속되면 시상하부-뇌하수체-부신 축이 작동되면서 부신피질에서 코르티솔이란 호르몬이 분비된다. 분비된 코르티솔은 불쾌감을 관장하는 편도체를 자극해 점점 높은 긴장감과 위기감을 조성한다. 또 해마에도 작용해 해마의 기억 형성 기능을 약화시키고 새로운 뉴런의 생성도 저지한다. 면역 기능도 약화시켜 마음과 몸 전반에 다양한 질병을 야기한다.

제3장

긍정적
경험을
증장하기

긍정적 경험을 뇌 속에 담자

삶에서 스트레스를 떨쳐 내고 행복하고 건강한 마음과 뇌를 만들기 위해서는 무엇보다 먼저 평소에 긍정적 경험을 뇌 속에 담는 심리적 훈련부터 시작해야 한다.

우리가 하루하루의 삶 속에서 겪는 일상적 경험들은 조금씩 기억의 형태로 뇌 속에 남게 되는데 대부분의 기억들은 의식의 수면 위로 떠오르지 않은 채 잠복 상태로 머문다. 이런 잠복된 기억을 '암묵 기억'이라 한다. 암묵 기억은 의식의 밑바닥에 쌓여 우리의 내면 세계를 이루며, 여기에는 이로운 기억들과 해로운 기억들이 혼재되어 있다. 그래서 내면 풍경을 보다 아름답게 꾸미기 위해서는 이 암묵 기억 창고를 잘 정리하고 정돈해 나가야 한다. 즉, 이로운 암묵 기억들은 더욱 증장시키고 보존해야 하는 반면, 해로운 암묵 기억들은 자리를 잡지 못하게 털어 내야 하고, 가능하면 송두리째 뽑아 버려야 한다. 특히 긍정적인 경험은 가능한 많이 붙들어 더욱 성장시키고 풍성하게 간직하도록 해야 한다. 이렇게 하는 것이 바로 행복한 뇌를 만들어 행복한 마음이 솟아 나오도록 하는 행복의 수원지를 구축하는 작업이다.

긍정적인 경험을 뇌 속에 가능한 많이 담고, 많이 붙들어 두기 위한 방법으로는 다음 3단계가 있다.

첫째, 긍정적인 경험을 그냥 흘려보내지 말고 그 경험을 붙잡아 간직한다. 우리는 주변에서 일어나는 좋은 일을 의식조차 하지 못하고 지나쳐 버리는 수가 너무 많다. 예컨대 어느 누구에게 감사한 마음을 느꼈을 때, 자신의 장점을 발견하여 자존감을 느꼈을 때, 아름다운 석양을 보았을 때, 천진난만한 아이들의 해맑은 웃음을 보았을 때, 맛나는 음식을 먹었을 때 등등이다. 일상 속에서 만나는 긍정적인 경험이나 일하는 가운데서 느끼는 보람, 즐거움을 작은 것이라도 그냥 흘려보내지 말고 소중하게 여겨 받아들이도록 해야 한다.

둘째, 긍정적 경험을 받아들인 후 이것을 적극적으로 음미한다. 좋은 경험을 했을 때 단 몇 십 초간이라도 그 경험에 대해 집중하고 몰입해서 음미하는 것이다. 이렇게 음미하는 동안 좋은 경험과 관련 있는 뉴런들은 보다 활발하게 활동하여 서로 짝짓기도 하고, 새로운 신경 조합을 만들기도 한다. 이 새로운 신경 조합이 만들어지는 것이 바로 좋은 경험을 뇌 속에 담아내는 독특한 신경회로를 구축하는 것이다. 이렇게 행복한 뇌 신경망을 구축하는 과정 동안 도파민, 세로토닌, 옥시토신 등과 같은 행복감과 관련 있는 신경 전달 물질들의 분비가 촉진되면서 '행복한 뇌'를 만드는 신경 화학적 기틀이 구축된다. 예를 들어 사랑하는 사람과 부둥켜안고 있을 때 느끼는 푸근함, 만족감, 행복감은 이와 관련되는 도파민, 세로토닌, 또는 옥시토신과 같은 행복감과 관련 있는 신경 전달 물질들의 분비 수준을 높인다. 또한 이런 만족스런 감정의 지속은 행복감이 몸 속 깊이 침투하게 하여 몸을 건강하게 만들어 주기도 한다.

　세 번째는 긍정적 경험이 피부를 거쳐 몸 속 깊숙이까지 스며들어 우리의 마음속에 굳건하게 자리를 차지할 수 있게 하는 것이다. 가슴 깊이 들어온 경험이 온몸으로 골고루 퍼져나가는 모습을 상상해 보자. 먼저 몸을 이완한 후, 긍정적 경험에 대한 감각, 감정 그리고 생각이 깊은 호흡과 함께 온몸에 퍼져나가는 모습을 상상해 보라. 이 얼마나 넉넉하고 뿌듯하며 행복한 일인가.

　3단계 행복감 훈련을 통해 일상생활에서 느끼는 하나하나의 긍정적 경험을 놓치지 말고 붙잡고 강화시켜 행복감이 깃든 몸과 뇌를 만들기 위해 부단히 노력하기를 바란다.

고통스런 감정 치유하기

드넓은 하늘처럼 광활하게 펼쳐진 마음속 공간에서는 온갖 종류의 감정들이 뭉게구름 피어나듯 일시적으로 나타났다 사라지는 일이 끊임없이 되풀이된다. 이런 감정의 연속 가운데 부정적인 감정의 행렬이 나타나면 이를 소멸시키기 위한 방법을 찾아야 되고, 긍정적 감정의 행렬이 나타나면 이를 적극적으로 붙잡아 보다 풍성하게 키우기 위한 방법을 찾아야 할 것이다.

부정적 감정은 어떤 뚜렷한 원인도, 뿌리도 없이 느닷없이 피어나기 때문에 먼저 부정적 감정이 무엇이며 그 원인이 무엇인지를 알아차리는 능력부터 길러야 한다. 그러고 나서 부정적 감정에 휩싸이지 않고 이를 중립 상태로 돌려놓을 수 있는 방법을 찾아야 하는데, 이것이 고통스런 감정을 치유하는 방법의 첫 번째 단계이다.

그러고 나서는 하나하나의 감정들을 억지로 분별하거나 따지려들지 말고 느껴지는 그대로 느끼려고 해야 한다. 한번은 다른 도시의 어떤 단체에서 강연 요청을 받아 택시를 타고 기차역으로 가고 있었다. 그런데 교통 체증에 걸려 예정한 시간에 도착하기 힘들어 보였다. 그러자 불안하고 초조한 감정이 솟구쳐 오르면서, 예약한 기차를 놓치고, 약속된 강연을 할 수가 없을 것 같아 낭패 났다는 등등의 불길한 생각이 떠올랐다. 이 순간 내가 할 수 있는 일은 오직 내 마음 속에서 전개되는 이 모든 부정적 감정의 물결들을 조용히 지켜보는 일이다. 다시 말해 마음을 챙겨 감정들의 물결을 가만히 지켜보면 처음에는 불안이 달라붙어 쉽게 떨어지지 않지만 거기에 휩쓸리지 않고 계속 바라보고 있노라면 그렇게 요동치던 감정들이 점차 힘을 잃고 사라지는 대신 마음의 공간이 보다 넓게 확장되는 것을 경험할 수 있게 된다. 결국 불안과 초조함은 그림자만 남고 그 자리에 텅 빈 의식의 공간만 있다. 이처럼 달라붙어 괴롭히는 고통스런 감정을 억지로 떨궈 내려 하지 말고 그 자체를 인정하고 지켜보기만 하면 오래지 않아 저절로 사라짐을 알게 되는 것이 무엇보다 중요하다.

그 다음에는 나를 괴롭히는 그 부정적 감정의 본질을 파악하기 위해 노력한다. 예를 들어 나를 괴롭히는 미움이란 감정은 바깥에서 오는 위협이나 협박 때문이라기보다 스스로 만들어 낸 것이란 점을 이해해야 한다. 다시 말해 내 마음이 스스로 증오를 만들어 냈음을 확인해야 한다는 뜻이다. 내 스스로 증오를 만들어 낸 것이라면 내 스스로 그 증오를 버릴 수도 있을 것이란 확신감이 들게 된다. 이처럼 온갖 부정적 감정들은 실제로 존재하는 것이 아니라 내 마음이 작위적으로 만들어 낸 허상에 불과하다는 것을 깨닫게 되면 헛된 감정에 얽매인 고통스런 삶으로부터 벗어나 자유로운 삶을 얻을 수 있을 것이다.

허상을 실상으로 여겨 집착하고, 집착으로 인해 괴로워하면 자유로웠던 마음마저 차디찬 얼음처럼 엉켜 버린다. 얼음을 녹이면 물이 되는 것처럼 마음의 얼음도 따뜻한 마음을 불어넣어 녹이면 된다. 얼음을 녹이는 데 따뜻한 햇볕이 필요하듯이 마음의 얼음을 녹이는 데도 따뜻한 마음의 햇볕, 즉 사랑의 마음, 자비의 마음이 필요하다. 따뜻한 사랑의 마음이 만물을 녹여 내고 키워 낸다는 이 위대한 가르침을 깊이 새기고 실천에 옮기자. 미움의 마음은 사랑의 마음으로만 치유될 수 있다.

긍정적 경험으로 고통 치유하기

긍정적 경험이 풍성해지면 부정적 경험을 완화시켜, 감정의 조화를 이룰 수 있고 나아가 부정적 경험을 긍정적 경험으로 대체할 수도 있다. 몹시 힘들어 지쳐 있을 때 누가 응원해 주고 격려해 주면 새로운 힘이 솟아나고 괴로움이 사라졌던 것처럼 고통스런 감정과 기억도 따뜻한 격려와 친밀감과 같은 긍정적 경험을 많이 느끼게 되면 저절로 사라진다.

이처럼 긍정적 경험과 부정적 경험이 혼재할 때, 긍정 경험을 강화하여 부정 경험을 약화시킬 수 있는 건 기억을 담당하는 뇌 속 신경 기구의 작용 때문이다. 기억이 뇌 속에서 만들어질 때는 모든 장면이 다 기억되는 것이 아니라 중요한 장면만이 남고 세세한 장면들은 사라진다. 만약 세세한 것들까지 모두 기억한다면 우리 뇌는 엄청나게 많은 기억 정보들로 넘쳐 나서 더 이상 새로운 것을 받아들일 공간이 없는 과포화 상태가 되고 말 것이다.

이처럼 우리의 뇌는 암묵 기억이든 명시 기억이든 중요한 장면만을 기억하기 때문에 놓쳐 버린 세세한 사항들은 기억의 재구성 과정을 통해 보충된다. 기억의 재구성 과정 동안 마음 풍경은 주로 '정서'라는 색채들로 채색되고, 메꾸어진다. 그리고 기억이 형성되는 과정에서 뉴런들은 새로운 모습으로 조합되어 새로운 패턴으로 이루어진다. 이때 마음속에 어떤 즐거움이나 불쾌함을 느꼈다면 편도체와 해마는 새롭게 형성되는 신경 패턴에 적극적으로 관여, 영향을 미치게 된다. 그래서 기억이 구성될 때 부정적인 생각이나 느낌을 갖게 된다면 기억은 부정적인 내용으로 만들어지며, 반대로 기억의 형성 과정에서 긍정적인 정서와 느낌을 갖게 된다면 기억은 긍정적인 내용으로 형성된다. 따라서 고통스럽고 어려운 상태에서도 긍정적인 느낌과 감정을 가질 수만 있다면 우리의 기억은 좀 더 긍정적인 모습으로 조각되어, 우리의 마음과 뇌를 보다 긍정적 모습으로 바꾸어 갈 수 있다.

　특히 부정적인 기억의 뿌리는 대부분 어린 시절의 아픈 경험으로부터 연유한다. 정신 분석 심리 치료에서 어린 시절의 아픈 기억을 회상하여 찾아내도록 하는 데 역점을 두는 것이 바로 이런 이유 때문이다. 성인이 된 지금, 조금만 주의 깊게 자신의 마음 세계를 성찰해 보면 나 자신을 반복적으로 괴롭히는 심리적 원천이 무엇인지 짐작할 수 있을 것이다. 마음이 불안하고, 긴장되고, 상처받고, 부적절하게 느껴질 때는 이를 외면하려고 하지 말고 그런 마음을 있는 그대로 받아들인 후 어린 시절의 기억으로 되돌아가 적극적으로 그 뿌리를 찾아보도록 하라. 그 원인이 어린 시절 누군가에게 거부당하지 않을까 하는 두려움 때문일 수도 있고, 몸이 약해 무력감에 빠져 자신감이 없었기 때문일 수도 있고, 갈등하던 부모가 이혼하는 과정에서 생긴 애정에 대한 불신 때문일 수도 있다. 이렇게 어린 시절 기억 속에서 괴로움의 뿌리를 발견하고 이를 뽑아 낸다면 서서히 긍정적인 기억들이 그 자리를 메꾸어 부정적 영향력이 더 이상 미치지 못하게 할 수 있다. 이것이 바로 심리 치료의 핵심 원리이다.

간단히 말해 마음의 정원에서 잡초를 발견하여 뽑아 내고 그 자리에 아름다운 꽃을 심는 것이다. 그리고 그렇게 하는 데는 다음과 같은 두 가지 방법이 있다. 첫째는 오늘 어떤 긍정적인 경험을 했다면 이 기쁜 경험을 적극적으로 기억하고 되새김함으로써 오래된 상처를 치유하는 것이고, 둘째는 부정적인 감정과 기억이 떠오를 때면 긍정적인 감정과 전망을 더욱 적극적으로 떠올려서 이를 해독제로 사용하도록 하는 것이다.

이 두 가지 방법을 사용할 때는 가능한 부정적 경험과 연관되는 긍정적 경험을 적극적으로 더 많이 떠올리도록 노력해야 한다. 부정적인 기억은 일단 의식선상에 떠오르기만 하면 매우 취약해진다는 특성이 있다. 좋은 경험을 적극적으로 취하는 것은 짧은 시간 내에서도 가능하다. 공공연히 남에게 알릴 필요도 없이 말없이 혼자 하면 된다. 스스로 꾸준히 실천해 나가면 시간이 지날수록 새롭고 긍정적인 뇌 구조로 바뀌어 나갈 것이다.

왜 긍정적 경험을 취해야 할까

앞서 본 것처럼 우리의 뇌는 진화의 특성상 부정적 편향성을 갖고 태어났다. 이를 고려해 보면 '행복한 뇌'를 만들기 위해서는 긍정적 경험을 적극적으로 취하여 내면화하는 대신, 부정적 경험은 찾아 내어 뽑아 내는 노력이 절대적으로 필요하다. 이런 노력이 없으면 우리 뇌는 부정적인 방향으로 더욱 기울어지게 되어 온통 부정적 기억으로 가득 찬 잡초 밭이 되고 만다. 따라서 앞서 살펴본 것 같은 특별한 노력을 하여야만 긍정적 경험 쪽으로 기울어 뇌의 신경학적 균형을 바로 잡을 수 있다는 것을 명심해야 한다. 그리고 이와 더불어 어린 시절 마땅히 받았어야 했지만 그 당시 받지 못했던 사랑과 배려를 뒤늦게라도 받아야 한다는 점 역시 상기해야 한다.

매일 유익하고 좋은 경험에 집중하고 받아들이는 노력을 계속하게 되면 긍정적인 감정이 자라나면서 점차 행복한 뇌가 만들어진다. 보다 낙천적이 되고, 회복 탄력성도 증가되고, 감성이 풍부해지고, 트라우마에도 잘 대응해 나갈 수 있어 심리적으로도 건강하게 된다. 그리고 면역 기능이 향상되고 심혈관계가 스트레스에 덜 민감하게 반응하는 등, 행복한 뇌와 더불어 건강한 몸을 만들 수 있다.

만약 어린 시절부터 좋은 경험을 취할 수 있다면, 아이들이 성장하는 데 더욱 좋은 영향을 미칠 것이다. 그러므로 아이들이 하루의 일과를 마칠 때쯤, 또는 잠깐 틈이 생겼을 때 짧은 시간이라도 그날 경험한 좋은 일이나 즐거웠던 일을 생각하게 할 필요가 있다. 예컨대 친구들과 모여서 한 축구 시합이나 농구 시합에서 이겼던 일, 또는 귀여운 강아지와 놀았던 일, 어른들로부터 칭찬을 받았던 일과 같은 즐거운 일들을 적극적으로 회상하여 이런 긍정적 경험들이 뇌 속에서부터 가슴속 깊이까지 스며들도록 해야 한다.

이러한 좋은 경험 취하기는 선량한 사람이 되도록 하는 인성 훈련의 기본이 되기도 한다. 이런 훈련은 인내와 끈기가 필요한 어려운 훈련이기도 하지만 그 결과는 매우 좋다. 신념과 확신을 가지고 진심 어린 마음으로 이 훈련을 하게 되면 마음의 바탕은 더욱 선량하고, 커 지고, 충만하게 된다. 이렇게 되면 나만을 위하는 이기적인 성격에서 벗어나 남을 배려하고 따뜻하게 베푸는 이타적인 성격이 될 수 있다. 좋은 경험을 적극적으로 취한다는 것은 곧 고통스런 삶의 경험을 행 복감과 충만감, 그리고 여유로움과 관용성으로 대치해 주는 것이다.

제4장

괴로움의
불길 잡기

부교감신경계를 활성화하라

앞에서 살펴본 것처럼 괴로움, 즉 스트레스의 불길은 교감신경계의 과잉 활성을 촉발시키고 스트레스와 관련된 내분비 호르몬의 방출을 야기한다. 그리고 이것이 마음과 몸으로 퍼져나가면서 마음과 몸에 질병을 촉발시킨다. 그래서 이 같은 괴로움의 불길이 마음으로부터 온몸으로 퍼져 나가게 방치하는 것은 엄청난 불행이고 재앙의 시작이다. 그러면 이 불길을 어떻게 예방하고 끌 수 있을까?

교감신경계 활성화에 의한 불길은 길항 작용을 하는 부교감신경계를 활성화시켜 꺼야 하는 것은 당연한 이치이다. 부교감신경계가 활성화되면 마음과 몸에 진정과 완화의 효과가 일어나고, 더 나아가 치유의 신호가 마음으로부터 몸과 뇌로 확산되어 나간다. 따라서 부교감신경계는 우리 몸속에 있는 소방서라고 할 수 있을 것이다. 부교감신경계의 소방 기능을 높일 수 있는 방법에는 여러 가지가 있는데, 그중 가장 효과적인 방법은 인위적으로 이완 반응을 일으켜 긴장의 불길을 끄는 것이다. 이완 반응이 일어나면 교감신경계의 주된 기능인 공격 반응과 도피 반응과 같은 위기 반응이 진정되기 때문이다. 일단 이완 반응이 일어나면 긴장이나 불안감이 줄어들고, 분노감도 줄어드는 대신 평화로움은 늘어난다.

최근 하버드 의대의 허버트 벤슨(Herbert Benson) 박사와 그 연구팀은 이완 반응을 일으키는 만트라 명상 수련이 교감신경계 반응을 야기하는 유전자의 발현 기능을 낮추어 만성 스트레스로 인한 체세포의 손상을 막아 준다는 놀라운 사실을 발견하였다. 이완 반응을 일으키게 하는 방법과 효과에 관해서는 이후 2부에서 자세하게 논할 예정이므로, 여기서는 평상시 몸이 이완 상태를 유지할 수 있도록 도와주는 손쉬운 심호흡법과 점진적 이완법 등에 관해서만 간략하게 언급하기로 한다.

● 심호흡법

배꼽 아래까지 숨을 천천히 깊숙이 들이마시고 나서 천천히 토해내는 호흡을 심호흡, 횡격막 호흡, 단전호흡 등으로 부르는데 통칭하여 심호흡이라 한다. 허파 아래쪽에 있는 가로막이 근육이 바로 횡격막인데, 숨을 깊이 들이마시면 배꼽 쪽, 즉 아래 방향으로 내려가고 숨을 토할 때는 허파 쪽, 즉 위로 올라온다. 심호흡을 통해 횡격막을 적극적으로 움직이게 되면 긴장 완화에 도움이 된다.

그러면 심호흡을 간단히 연습해 보자. 먼저 한쪽 손은 배꼽 위에 얹고, 다른 한손은 가슴 부위에 얹는다. 숨을 깊이 들이키면서 배꼽 위에 얹은 손이 위로 올라가는지를 유심히 살펴보자. 처음에는 잘 되지 않지만 거듭해서 연습하다 보면 조금씩 아래위로 움직일 것이다. 손을 배꼽 위에 올려놓지 않아도 호흡과 함께 아랫배가 상하로 자연스레 움직일 때까지 연습한다. 가슴에 얹은 손은 움직이지 않으면서 아랫배에 얹은 손만 움직이면 횡격막 호흡은 성공한 것이다. 이렇게 되는 데까지 다소 시간이 걸리지만 꾸준하게 연습하면 누구나 가능하다. 심호흡을 확실히 익혔다면 언제 어디서나 수시로 활용해 보라.

이번에는 또 다른 간편 호흡법에 대해 알아보자. 들이쉴 수 있는 한, 최대로 깊이 숨을 들이마시고 몇 초간 멈춘 후 천천히 숨을 내쉬며 몸의 근육을 편안하게 이완시킨다. 이렇게 깊게 호흡을 하면 숨을 들이마실 때는 허파가 팽창되면서 교감신경계가 활성화되지만 숨을 천천히 길게 내쉬게 될 때는 반대로 부교감신경계가 활성화된다. 들이킬 때는 교감신경계가 작동되고 내쉴 때는 부교감신경계가 작동되므로 내쉬는 숨을 더 천천히, 더 길게 하는 것이 부교감신경계를 강화시켜 이완을 야기하는 데 유리하다.

이런 간편한 심호흡은 비교적 자유롭게 움직이는 중이거나 쉬는 동안에도 짬짬이 할 수 있기 때문에 지금 스트레스를 받고 있다고 느껴지거나 이완이 필요하다고 느껴지는 순간, 있는 그 자리에서 쉽게 취할 수 있어서 효과적으로 적용할 수 있다. 갑자기 스트레스 받는 일이 생겨 긴장될 때는 이런 심호흡을 열 번 정도만 해보라. 긴장 모드에서 이완 모드로 전환될 것이다. 이완되었음을 느끼면 자연스런 상태로 돌아가 적절한 반응을 선택하면 된다. 보다 자세한 호흡법은 제10장 호흡 명상에 소개해 두었으니 참고하라.

● 점진적 이완법

점진적 이완법이란 발에서부터 다리를 거쳐 몸통을 지나 팔, 손, 그리고 얼굴, 머리 부위까지 점진적으로 신체 각 부위를 차례로 이완하는 방법이다.

만약 시간이 충분하다면 오른발, 왼발, 오른쪽 발목, 왼쪽 발목의 순으로 시작하여 몸통과 팔, 손, 얼굴, 머리에 이르기까지 점진적으로 몸의 부분 부분을 체계적으로 이완해 갈 수 있다. 점진적 이완을 실시할 때에는 눈을 뜨거나 감을 수 있는데, 눈을 뜨고 하는 방법을 배우면 다른 사람들과 함께 있는 상황에서도 자연스레 이완할 수 있다는 이점이 있다.

몸의 일부만을 이완시키려면 긴장을 느끼는 특정 신체 부위만을 주로 의식한다. 예컨대 지금 바로 긴장되는 몸의 부위가 목이라면, 먼저 목 부위의 신체 감각에 주의를 기울이고 내쉬는 호흡과 함께 목 부위 전체를 의식하면서 "이완"이라고 마음속으로 되뇐다. 그래서 목 부위가 이완되면 긴장되는 몸의 다른 부분으로 주의를 옮겨 가며 이완한다. 점진적 이완법을 실천하면 긴장 상태에서 이완 상태로 옮겨 가기 때문에 쉽게 잠들 수도 있다.

● 입술을 촉촉하게 하라

부교감신경계의 말단들은 입술에 많이 분포되어 있다. 그래서 입술을 부드럽게 매만져 주거나 따뜻한 물로 축여 주면 부교감신경계가 자극되어 이완 효과를 볼 수 있다. 부드러운 입맞춤이 사랑과 이완의 상징이자 만족감을 주는 최상의 행위로 여겨지는 것은 입술에 분포된 부교감신경계의 특성에서 기인된 것이다. 긴장할 때는 입술이 바짝바짝 타고 물집이 생기는가 하면, 이완될 때는 입술이 촉촉하게 젖는다는 점에 주목하기 바란다. 입술이 건강한 것은 바로 부교감신경계가 활성화되고 있다는 표시이다. 때때로 입술을 부드럽게 매만져 주고, 따뜻한 물로 촉촉이 축여 주는 것을 습관으로 삼으면 부교감신경계를 강화하는 좋은 방법이 된다.

● 마음챙김 호흡

마음챙김이란 지금 현재 여기에서 접하고 있는 어떤 대상(몸의 감각이나 느낌, 또는 생각 등)에 마음을 모아 알아차림하되 판단하거나 거부하지 않는 태도로, 일어나는 현상을 있는 그대로 알아차리고 수용하는 것을 의미한다. 보다 본격적인 마음챙김 훈련은 12장에 나오는 마음챙김 명상 편을 참고하라.

부교감신경계의 주된 기능 중 가장 중요한 것은 교감신경계의 과잉 활성화에 의해 긴장 상태로 기울어진 몸을 평형 상태로 되돌려 놓는 것이다. 따라서 온몸의 신체 감각에 주의를 기울여 긴장된 신체 부위를 하나하나 알아차림을 해나가면 교감신경계의 활성으로부터 부교감신경계의 활성으로 되돌려 놓는 것이 된다.

여기서는 지금 이 순간에 실재하는 신체 감각을 알아차림하는 간단한 예를 들어볼 것이다. 먼저 호흡할 때의 감각을 알아차리는 것을 훈련해 보자. 숨을 들이킬 때는 시원한 외부의 공기가 코를 통해 몸 안으로 들어오고, 숨을 내쉴 때는 몸속의 따뜻한 공기가 코를 통해 밖으로 나가는 온도 감각에 마음을 챙긴다. 조금 진행된 후에는 숨을 들이킬 때 부풀어 오르고, 내쉴 때 아래로 내려가는 아랫배의 운동 감각에 마음챙김한다.

심호흡이나 횡격막 호흡을 하면서 콧구멍이나 아랫배와 같은 몸 부위에서 일어나는 온도 감각이나 운동 감각을 마음 챙겨 살피는 것을 마음챙김 호흡이라 부르는데, 이렇게 하면 부교감신경계의 활동이 극대화된다.

● 심상화

흔히 정신 활동을 언어적 사고 활동과 동일시하지만 실상 뇌는 비언어적인 사고 활동, 즉 정신적인 그림 그리기에 더 치중하고 있다. 이러한 정신적 그림 그리기를 심상화라고 한다. 심상화는 뇌의 우반구를 체계적으로 활성화시켜 스트레스의 원인이 되는 내면 세계의 수다(흔들리는 마음)를 멈추게 하는 데 도움이 된다.

더 쉽게 표현하면 심상화는 온갖 망상, 환상, 공상 등으로 뇌를 피곤하게 만드는 마음의 수다를 멈추게 하는 대신, 아름답고 체계적인 마음의 그림을 그리도록 함으로써 뇌를 보다 편안하게 쉬게 해준다는 것이다.

앞서 살펴본 여러 이완법들과 유사하게 심상화도 부교감신경계를 활성화시켜 뇌의 수다를 잠재워 주기 때문에 즉각적으로 활용할 수도 있지만, 체계적으로 수련하여 행복으로 가는 심리 치료 수단으로 삼을 수도 있다. 예를 들어 직장에서 스트레스를 받았을 때는 히말라야 산중에 있는 고요하고 평화로운 어떤 호수의 모습을 마음속에 체계적으로 떠올린다. 그 호숫가를 천천히 산책하면서 수면에 비친 석양의 아름다움을 감상하고, 그 위로 날아오르는 새떼들의 모습도 심상해 볼 수 있다. 이런 아름답고 평화로운 모습을 심상화하면 부교감신경계의 활성이 촉진되어 스트레스를 해소하는 데 도움이 되고, 마음이나 뇌 건강에도 유익하다는 것이 많은 연구를 통해 입증되었다.

● 명상

명상이 부교감신경계나 뇌의 여러 부분을 자극하고 활성화시킴으로써 여러 유익한 효과를 만들어 낸다는 것은 여러 연구를 통해 과학적으로 입증되었다. 여기서는 명상이 뇌에 어떤 효과를 가져오는지 연구한 결과들을 간단하게 정리해 본다.

첫째, 하버드 의대의 심리학자 사라 라자르(Sara Lazar) 박사팀은 명상을 하면 섬피질, 해마, 전전두피질에 있는 뉴런의 세포체 크기가 증가한다는 것을 발견했다. 세포체가 커졌다는 것은 세포의 활동이 보다 왕성하게 일어나고 있다는 뜻이다. 또 노화가 진행되면 피질의 두

께가 얇아지게 되는데, 명상을 하면 이런 현상이 줄어들고 오히려 피질의 두께가 더 두꺼워지며, 주의 집중력과 같은 인지 능력과 연민, 공감, 사랑, 그리고 친화력과 같은 감성 능력, 사회성 능력을 향상시킨다는 것이 자기공명 영상(MRI) 또는 기능성 자기공명 영상(fMRI)을 활용한 연구를 통해 발견되었다.

둘째, 명상은 긍정적, 낙천적 기분을 관장하는 좌측 전전두엽의 활동성을 높인다는 것이 위스콘신 대학의 심리학자 리처드 데이비드슨(Richard Davidson)을 비롯한 여러 연구자들이 진행한 뇌파나 기능성 자기공명 영상(fMRI)을 통한 연구에서 거듭하여 입증되었다.

셋째, 수십 년간 명상을 수행한, 티베트 불교 승려들의 경우 낙천적이고 긍정적인 기분이 들 때 나타나는 좌측 전전두피질의 기능 우세성과 감마파(γ)가 보통 사람들과 비교할 수 없을 정도로 엄청나게 늘어난다는 것이 밝혀졌다. 또한 이 승려들에게서는 뇌 피질의 여러 부위에 광범위하게 펼쳐져 있는 다양한 신경원들이 동시에 같은 목적으로 활동하는, 이른바 신경공조(neural synchrony) 활동이 일어난다는 것도 관찰되었다. 이는 뇌 피질의 여러 영역들에 널리 퍼져 있는 뉴런들이 동시에 통합적으로 활동하고 있다는 의미이면서 높은 집중력, 기억력, 인지 활동, 감정 활동 또는 의지 활동 등이 동시에 통합적으로 일어나고 있음을 시사한다.

넷째, 명상은 스트레스 관련 호르몬인 코티솔의 분비 수준을 낮추고, 면역계의 기능을 강화한다. 이는 명상이 스트레스에 효과적으로 대처하는 능력을 키우고 건강을 증진시킨다는 뜻이다.

다섯째, 명상은 심혈관계 질병, 천식, II형 당뇨병, 생리 전 증후군, 만성통증 등의 신체적 질환과 불면증, 불안, 긴장, 공포증, 우울증, 섭식장애 등의 심리적·신체적 장애의 개선과 치유에 도움을 준다.

다양한 명상 방법들과 실천에 따르는 요령, 그리고 명상의 효과에 관한 자세한 뇌과학적 근거와 임상적 효과 등은 후속하는 여러 장에서 자세하게 다룰 것이다.

심리적 안도감 일으키기

우리의 뇌는 경계심을 가지고 끊임없이 내·외부의 환경을 살피면서 위험 여부를 탐지한다. 만약 위험신호가 감지되면 교감신경계의 활동이 급속하게 증가하면서 위기에 대처하는 일련의 생리·생화학적 반응과 심리적 반응이 연쇄적으로 일어난다.

그런데 중요한 것은 이렇게 감지한 위험신호가 실제적인 위협이 뒤따르는 상황인 경우가 극히 적다는 것이다. 대개의 경우는 상상에 의한 두려움 때문에 경고음을 울려 댄 편도체의 과민 반응과 부정적 기억을 담고 있는 해마가 편도체를 자극하여 일으킨 위험 반응이 과장되거나 왜곡되어 일어난 것이다. 따라서 교감신경계의 활성에 따른 위기 반응이란 실재하는 것이라기보다는 허상에 휘둘려 일어난 잘못된 반응인 경우가 대부분이다.

이런 가상의 두려움에 휘둘려 가지 않기 위해서는 두 가지를 확실하게 알아두어야 한다. 무엇보다 중요한 것은 우리의 뇌는 끊임없이 흔들리고 있고, 그것도 부정적 생각의 방향으로 치달아 가려는 경향이 있기 때문에 온갖 불쾌한 상상을 쏟아 낸다는 점이다. 다음으로는 우리의 삶은 끊임없이 변화하는 특성이 있어 언제 어디에서 어떤 위협적인 사건이 돌발할지 도무지 알 수가 없는 불완전하다는 것이다. 그러므로 인간의 삶 속에는 절대적으로 안전한 장소와 순간은 결코 존재하지 않으며, 완벽한 피난처도 없다.

이처럼 인간을 포함하여 존재하는 모든 것은 변화하고, 무너지고, 다시 생성하는 변화무쌍한 존재라는 무상(無常)의 진실을 받아들여야 한다. 이러한 무상의 세계관을 받아들이고 삶에 반영한다면 불안이란 불쾌한 정서에서 벗어나는 데 도움이 될 것이다. 이러한 이유로 우리는 '절대적 안전'보다는 '상대적 안전'이라는 개념을 사용하는 것이 유리하다. 그리고 상대적 안전감을 얻을 수 있는 다양한 방법들이 있다. 자신의 필요에 맞추어 다음과 같은 적절한 상대적 안전감을 추구할 수 있을 것이다.

● 지지 집단과 연결하기

우리는 위험을 느끼거나 불안을 느낄 때 자기를 지지해 주거나 안전감을 주는 가족이나 친지들과 함께 있기를 원하고 그들을 찾는다. 만약 멀리 떨어져 있어 직접 이들을 만날 수 없다면 그들의 사진을 꺼내 본다거나 전화를 건다거나 아니면 그들과 함께하는 모습을 심상해 보기도 한다. 그리고 심상했을 때도 뇌 속에서는 실제로 만났을 때와 극히 유사한 뇌 활동이 일어난다.

진화의 역사 속에서 가족이나 친지들과 정서적으로나 신체적으로 밀착하는 것은 생존에 필수적이었다. 가까운 이들과 친밀감을 느끼는 것은 안전감을 느끼는 데 가장 탁월한 방법이다. 요즘에는 온갖 종류의 통신기기가 발달되어 있어 특별한 어려움 없이 언제 어디서나 친밀한 사람을 찾아 연결할 수 있고 위안을 주고받을 수 있으니 다행한 일이다.

● 보다 현실적으로 생각하기

상상하는 것만큼 두려운 일이 실제로 일어날 가능성은 극히 적고, 일어난다 해도 그 피해가 미미하거나 지속하는 시간이 극히 짧다. 이처럼 마음속으로 생각하는 대부분의 공포나 불안은 지나치게 과장된 상상의 결과이다.

우리가 하는 상상이 부정적인 방향으로 과장되는 것은 뇌가 미래를 예측할 때 부정적인 경험을 기본 데이터로 사용하기 때문이다. 만약 지금 일어난 상황이 극히 일부라도 과거 경험했던 것과 유사하다면, 우리의 뇌는 자동적으로 과거의 기억을 불러내어 미래를 예측하는 데 이용한다. 그러고선 고통이나 상실에 대한 미래의 위험을 감지하기만 하면 공포의 신호가 온몸에 울려 퍼지기 시작한다. 이때의 공포는 허상이거나 과잉 평가되었거나 사실무근인 경우가 대부분이다.

특히 어린 시절에 하는 예측은 현실이 아닌 상상에 바탕을 둔 경우가 대부분이다. 어린 시절에는 부모나 주변 사람들이 모두 자신보다 훨씬 세 보인다. 하지만 자신에게는 자유로운 선택권도 없고, 가진 자원도 턱 없이 모자란다. 이때 어린 그가 할 수 있는 예측은 과잉 평가한 상상이거나 사실무근에 바탕을 둔 경우가 많다. 그러나 성인이 된 지금은 공포의 조짐이 보이면 '이런 상황에서 내가 택할 수 있는 선택지는 무엇이며, 이 상황을 타개할 수 있는 내가 가진 자원은 구체적으로 무엇이 있으며, 어떤 힘으로 이 위기를 대처해 나갈 수 있을까?' 하고, 현실에 바탕을 둔 실제적이고도 합리적인 대책을 마련할 수 있다.

　이처럼 부딪친 상황에서 어린 시절에 하던 미숙한 예측을 일삼지 말고 좀 더 냉정하고 객관적으로 현실을 바라보도록 노력해야 한다. 상황을 현실에 바탕을 두고 명확하게 파악할수록 긍정적인 정서가 증가하고, 부정적인 정서는 감소한다. 설령 실제로 염려했던 일이 발생되었다고 한대도 최선을 다해 현실적으로 상황을 대처해 나가면 될 일이다.

제5장

확고한
의도 갖기

의도에 주의를 기울여라

지금 이 순간에 마음을 모을 수 있도록 도와주는 강력한 요인은 의도 (intention)와 주의(attention), 두 가지이다.

동서고금의 수많은 현자들은 "모든 활동의 근본 뿌리에는 의도 가 있다."고 말한다. 다시 말해 우리가 품고 있는 의도가 곧 우리의 생 각, 말, 감정, 또는 행동을 끌어내므로 결국 우리는 의도대로 이루어지 도록 행동한다는 것이다.

이처럼 '의도'에는 우리가 어떤 것을 왜 하려고 하는지 그 뜻이 담 겨 있으므로 결과적으로 행복이나 불행을 만드는 것도 자신이라고 할 수 있다. 만약 우리가 진정으로 행복한 삶을 지향하겠다는 의도를 가 지고 살아간다면 우리의 일거수일투족은 행복한 삶을 엮어 내는 방향 으로 나아가기 때문에 행복한 삶은 자연스레 이루어진다.

만약 우리가 지금 무언가 특정한 일을 하겠다는 의도를 가지는 순간, 그 일과 주의는 서로 연결된다. 예를 들어 내가 나의 몸에 주의를 집중하겠다고 의식하고 내 몸을 살펴보면 '나의 어깨가 굳어져 있구나', '나의 다리가 불편하구나', 또는 '내 몸이 피곤하구나' 등 몸의 상태를 금방 알아차릴 수 있어 불편한 그곳을 보듬고 살필 수 있다. 그러나 몸에 대한 주의를 거두어들이겠다는 의도를 가지면 즉각 몸과 의식 사이의 연결이 끊어진다. 그리고 내 마음은 나도 모르는 사이에 자동 조정 상태에 빠져들어 온갖 망상이 나의 의식을 지배하게 되고, 몸은 몸대로, 마음은 마음대로 제각기 방황하기 시작한다.

이처럼 내가 나의 의도에 주의를 기울이지 못하면 내가 원하는 대상과의 연결이 끊어지고 늘상 하던 대로 타성적인 습관에 빠져 자동 조정 상태에서 헤어나지 못한다. 그러나 어떤 특정한 대상과 의식적으로 연결을 유지하겠다는 의도가 분명하다면 뜻한 바대로 해나갈 수 있다. 요컨대 지금 이 순간 무엇을 하겠다는 의도를 확고히 하면 대상과의 연결이 이루어지고, 그 연결은 불편감을 알아차려 해결할 수 있도록 해준다. 그러므로 의도하는 바에 따라 주의를 집중하기 위해서는 다음과 같이 의도성을 점검하고 이에 대한 해답을 찾아 실천해 나가야 한다.

첫째, 당신의 인생에서 진정으로 이루고 싶은 소망이나 꼭 변화시키고 싶은 것이 있다면 그렇게 하려고 하는 의도가 구체적으로 무엇인가? 아마 그것은 보다 평화롭고, 자유로우며, 따뜻하고, 인자하며, 인생의 풍랑에 맞닥뜨려도 슬기롭게 헤쳐 나갈 수 있는 지혜를 갖기를 바라는 것이 바로 당신의 의도가 아니겠는가?

둘째로, 만약 당신의 의도가 위에 언급한 것과 유사하다면 바로 실천에 옮기는 훈련을 계획해 보라. "바로 지금 이 순간 나의 의도는 무엇인가?" "나는 지금 이 순간 나의 의도를 실천에 옮기기 위해 무얼 하고 있는가?" 이렇게 당신 자신에게 수없이 되풀이해서 물어보라. 비록 지금 이 순간 당신이 의도한 바대로 행하지 않는다 하더라도 자신을 향해 잘잘못을 따지거나 나무라지 말고 부드럽게 자신의 의도가 무엇인지 다시 한 번 환기시킨 후 즉각적으로 행동에 옮길 수 있도록 노력해 보라.

의도와 관련되는 뇌의 체계

우리의 뇌는 아래쪽에서부터 위쪽으로, 그리고 안쪽에서 바깥쪽으로 진화되어 왔다. 아래쪽에서 위쪽의 뇌로 진화하는 동안 뇌간, 간뇌, 변연계, 그리고 대뇌피질의 단계로 진화해 왔는데, 이 네 단계의 진화 과정과 의도는 서로 밀접한 관련이 있다. 과연 구체적으로 어떻게 관련되어 있는지 살펴보자.

● 뇌간

뇌간이란 뇌(腦)의 줄기[幹]란 뜻으로 척수와 대뇌를 연결시키는 중뇌, 뇌교, 연수를 합친 뇌 부위를 말한다. 뇌간에서는 노르에피네프

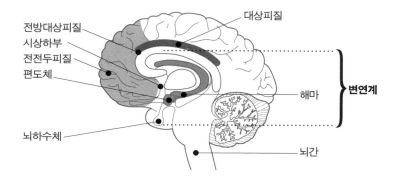

전방대상피질
시상하부
전전두피질
편도체

대상피질

변연계

해마

뇌하수체

뇌간

● 의도와 관련된 뇌 부위

린이나 도파민, 세로토닌과 같은 중요한 신경 전달 물질을 만들어 뇌 전체로 내보내서 뇌가 각성하여 활동할 수 있도록 해준다. 또한 의도된 목표를 향해 다가가는 동안 활기찬 에너지가 지속적으로 유지되도록 해주고, 의도했던 목표에 도달했을 때 만족감과 같은 보상을 준다. 뇌간에 있는 각성 유지 기능을 하는 뇌의 체계를 망상 활성 체계 (reticular activating system, RAS)라 부른다. 이것은 뉴런이 망처럼 촘촘하게 짜여진 신경 체계인데 이 체계가 활동성을 보일 때는 의식의 각성이 잘 유지되지만 활동성이 낮아지면 각성이 무너지고 혼미한 상태에 빠지거나 수면에 빠진다. 따라서 RAS는 의식 유지의 일차적 센터에 해당된다.

- 간뇌

　간뇌는 감각 정보를 뇌간으로부터 뇌 피질로 전달하는 중계 역할을 하는 시상(thalamus)이라는 부위와 생명 유지에 중요한 역할을 하는 시상하부(hypothalamus)라는 부위로 이루어져 있다. 특히 시상하부는 자율신경계를 지배하고 뇌하수체를 통해 내분비계에 총체적인 영향을 미친다. 또한 식욕, 성욕 등과 같은 일차적 충동과 공포, 분노와 같은 정서도 지배한다. 따라서 간뇌는 자율신경계 지배와 통제, 감각 정보의 원활한 중계와 함께 동기나 정서의 표현과 조절에 절대적으로 중요한 역할을 하는 곳이다.

- 변연계

　변연계는 진화 과정에서 대뇌피질에 비해 일찍 발달되었다고 하여 구피질 또는 원시피질이라고도 부르는 부위이다. 이 부위에는 편도체, 해마, 유두체, 중격핵 등을 포함되어 있다.

　기본적으로 변연계는 정서와 동기 조절에 핵심 역할을 담당하는 곳이다. 편도체는 분노나 공포와 같은 부정적 정서 표현과 주로 관련되어 있고, 스트레스 같은 유해한 자극을 받으면 위기를 알리는 경보 역할을 담당한다. 해마는 뇌에서 새로운 뇌세포, 즉 뉴런을 생성시키는 유일한 곳이다. 이 부분은 기억 형성과 매우 밀접하게 관련되어 있으며, 전반적으로는 행동의 억제 또는 조절에 관여한다. 특히 해마는 편도체의 과다한 활동을 적절한 수준으로 낮추도록 통제하는 역할도 하기 때문에 이 두 부위는 매우 밀접하게 협응해서 작용한다.

- 대뇌피질

대뇌피질에는 명상과 밀접한 관련을 맺고 있는 전전두피질 (prefrontal cortex), 대상피질(cingulate cortex), 섬피질(insula) 등이 포함된다. 이 영역들은 사고, 개념, 가치 판단, 계획, 자기 조절, 공감, 연민, 충동 조절 등 고등 정신 현상을 총괄한다.

또 대뇌피질에는 신체 감각을 담당하는 두정엽, 신체 운동을 담당하는 전두엽, 언어와 기억을 담당하는 측두엽, 시각을 담당하는 후두엽 등이 포함되어 있다.

앞서 언급한 네 단계의 뇌 부위는 서로 연결되어 통합적으로 작용하며, 정서 조절과 동기 조절에 관여한다. 일반적으로 하위 단계의 뇌 부위가 상위 단계의 뇌에게 방향성을 결정해 주고, 에너지를 제공해 준다. 한편 상위 단계의 뇌 부위는 하위 단계의 뇌 부위를 감독하고 통제한다. 하위 단계의 뇌 부위가 보다 직접적으로 우리 몸의 활동을 지배할 수는 있지만 스스로 신경망을 재구성하여 통합적으로 작용할 수 있는 능력은 부족하다. 반면 상위 단계의 뇌 부위는 직접적인 행동 지배와는 거리가 있지만 신경망 재구성과 같은 종합적 통제 기능을 통하여 상황에 맞춰 유연하게 적응하여 행동할 수 있도록 한다.

의도와 직접적으로 관련되는 중요 뇌 부위

바로 위에서 언급한 네 수준의 뇌 부위는 각 부위들 안에서 서로 협동하여 작용한다. 그러나 다음에 언급할 전방대상피질과 편도체는 신경 정보가 여러 방향의 다양한 뇌 부위로 퍼져 나가게 하여 의도대로 집행되도록 하는 뇌 부위이다. 따라서 이 두 부위는 의도의 집행과 실천에 매우 중요한 역할을 담당한다.

● 전방대상피질(ACC)

전방대상피질(anterior cingulate cortex, ACC)은 전전두피질과 매우 가까운 곳에 위치한다. 이 부위는 다른 뇌 부위들로부터 정보를 수집하여 의도하고 있는 문제를 해결할 결정을 내리며, 그것을 해결하기 위한 특별한 행동 지침을 계획한다.

다시 말해 전방대상피질은 자신의 의도를 실현하기 위해 특정 행동을 직접 지령한다. 어떤 의도가 결정되면 전방대상피질은 이를 실행하기 위해 여러 뇌 부위들에 산재되어 있는 관련 신경원들을 하나의 체계로 응집시킨다. 그리고 그 정보를 퍼트릴 때 전방대상피질은 멀리 떨어져 있는 여러 뇌 영역들의 다양한 신경원들이 모두 리듬을 맞추어 동시에 활동하도록 통제한다. 이렇게 다양한 신경원들에서 동시에 나타나는 활동을 가리켜 신경공조(neural synchrony) 현상이라 한다.

전방대상피질은 또한 의도한 목표를 향해 나아가고 있는지 그 과정을 감시하며, 이 과정에서 어떤 오류나 모순이 일어나지는 않는지 탐지하고 조절하기도 한다.

전방대상피질은 편도체, 해마, 시상하부 등 정서와 관계 있는 부위들과 상호 밀접한 관계를 맺고 있기 때문에 정서 활동에 영향을 미칠 뿐만 아니라 역으로 정서 활동에 영향을 받기도 한다. 따라서 전방대상피질은 사고(의식)와 정서(감정)의 통합이 이루어지는 핵심 영역이라 말할 수도 있다.

요약하면 전방대상피질은 의도적으로 주의나 행동을 지시하고, 의도된 행동이 제대로 행해지고 있는지를 감시하고, 의도와 관련 없는 불필요한 반응 등을 억제하도록 하고, 상황에 따라 탄력적으로 전략을 바꾸도록 하여, 순간순간 상황에 맞추어 적절하게 대응해 갈 수 있도록 하는 자기조절(self-regulation) 센터이다. 마음챙김 명상을 통해 전방대상피질의 기능을 강화시키게 되면 당혹하거나 분노하는 순간에도 명철하게 알아차림할 수 있고, 이성적인 사고 과정 중에도 따뜻하고 온정적인 감정을 불어 넣을 수 있다. 요컨대 전방대상피질은 하향적이고 의도적이며, 이성과 감정의 통합 기능을 하는 중요한 뇌 부위라 할 것이다. 오늘날 중요하게 생각하는 정서 지능의 뇌 속 센터가 바로 전방대상피질이 아닐까.

● 편도체(amygdala)

편도체는 변연계를 이루는 핵심 구조의 하나로 전방대상피질, 전전두피질, 해마, 시상하부, 기저핵, 뇌간 등과 함께 정서 활동이나 의도와 같은 동기 활동과 매우 강력하게 관련되어 있는 중요한 뇌 부위이다.

편도체는 순간순간 의미 있고 중요한 사건들에 주의를 기울여 즐거운지 불쾌한지, 또 지금 이 순간이 기회인지 위협인지를 재빨리 구분한다. 그중에서도 특히 위기에 재빠르게 대응하는 뇌 속의 경보 체계 장치이다. 또한 편도체는 불완전한 정보에 근거하여 즉각적으로 지각을 형상화하고, 상황을 평가하며, 타인의 의도를 재빠르게 파악하고 판단한다. 이러한 편도체의 신속한 판단 기능은 우리가 미처 의식하지 못하는 사이에 긴급하게 이루어지고 영향을 미치므로 비록 불완전하지만 생존에 매우 강력한 힘을 발휘한다.

우리가 어떤 중요한 동기(의도)를 가지게 되는 것은 편도체가 피질 아래에 있는 여러 뇌 영역들과 상호 작용을 거친다는 것을 의미한다. 강력한 동기가 발현될 때에는 변연계, 시상하부, 뇌간 등이 협력적으로 작동하여 초당 4~7회 정도 움직이는 세타(θ)파라는 특정한 뇌파를 보여 주기도 한다. 이 세타파는 어떤 의도성을 가지고 있음을 의미하는 뇌파로, 명상할 때 신피질에서 나타나는 세타파와는 전혀 다른 것이다. 요컨대 편도체는 상향적, 반응적, 분산적, 격정적 동기의 중추라 하겠다.

이성과 감성

흔히 우리는 어떤 바람직한 행동을 표현할 때 '이성적인 머리와 감성적인 가슴을 갖추었다'는 비유를 즐겨한다. 이 비유에 신경학적 개념을 적용하면 이성적으로 작용하는 전방대상피질(ACC)에 기초한 신경망과 위기와 같은 정서에 깊이 관여하는 편도체에 기초한 신경망이 협동적으로 이루어 낸 행동이라고 해석할 수 있다.

그런데 서로 배타적으로 작용할 것 같아 보이는 이 두 신경망 체계가 실제로는 서로 협동적으로 작용하고 있다는 것이 흥미를 끈다. 다시 말해 이성적으로 보이는 전방대상피질에 기초한 신경망이 실은 정서에 깊이 개입되어 있고, 비이성적일 것 같아 보이는 편도체에 기반을 둔 신경망이 판단과 가치 평가, 탄력적 전략 등에 기반하는 전방대상피질에 크게 영향 받고 있다는 것이다.

이러한 이성적 작용과 감성적 작용의 협동은 순식간에 이루어진다. 냉정한 전방대상피질에 기반한 의도와, 열렬한 편도체에 기반한 동기나 감정이 우리 삶의 중요한 부분에서 함께 작용한 경험은 누구나 해보았을 것이다. 예컨대 자식에게 보다 좋은 교육 환경을 마련해 주기 위해 좋아 보이는 특정 학군으로 법을 어겨 가며 무리하게 이사를 가는 학부모라든지, 또는 자녀 교육을 위해 기러기 부모 신세를 자처하는 경우 등은 모두 뜨거운 감성과 차디찬 이성에 바탕을 둔 생각이 서로 혼재되어 있는 경우가 아니겠는가?

한편 이 두 신경중추는 서로 주도권 다툼을 벌일 때도 있다. 사춘기에 접어든 청소년의 경우가 대표적이다. 이 시기에는 편도체 기반의 감정 주도적 신경망이 전방대상피질 기반의 이성 주도적 신경망들을 압도해 버린다.

의도를 확고하게 다지는 마음 훈련

모든 활동의 근본 뿌리는 의도이다. 그러므로 의도를 확고하게 다지는 마음 훈련이야말로 그 뿌리를 튼튼히 하는 것이기에 너무나 중요하다. 의도를 다지는 마음 훈련의 예를 들어 본다.

○ 마음이 지닌 강력한 힘을 불러내기 위해서는 열정의 에너지와 확고한 의도라는 두 가지 측면을 동시에 고려해야 한다. 예컨대 행진하는 군인들이 호흡은 조금 빠르게 하고 어깨에는 약간의 힘을 넣어 보무당당하게 걸어가는 모습은 열정의 에너지와 확고한 결의를 함께 담아 낸 모습이 아닐까?

○ 강인함을 느낄 때 관련하는 미세한 근육들의 움직임에 대해 주의를 기울여 보자. 결의에 가득 찬, 굳센 의지를 담은 표정을 지을 때 미세하게 움직이는 얼굴 근육들을 살펴보라.

○ 자신의 강인함을 느낄 수 있는 의도적인 습관을 길러 보도록 한다. 자기 스스로 세운 확고한 목표를 이루어 내겠다는 굳은 의도를 갖고 끊임없이 다짐하고 정진하는 습관을 기른다.

○ 머리 쪽에 의식을 집중하면서 확고한 결의를 다짐하고 있을 때 목 부위에 생기는 감각을 느껴 보라. 이때는 머리 아래쪽 뒷목에 위치한 뇌간 부위가 활성화되면서 노르에피네프린과 도파민이

솟아나 뇌 전체가 각성하고 활성화된다. 이것을 심상하고 실제로
실천하고 느껴 보라.

○ 변연계를 의도적으로 활성화시키기 위해 보다 강인하다는 느낌
을 다짐하면서 동시에 마음이 넉넉하고 즐겁고 든든해지는지
느껴 보라.

○ "나는 강건하다." "강건한 것이 좋은 것이다." "나는 강건해져서
좋은 일을 많이 할 것이다." 이렇게 스스로 결의를 다짐함으로써
의도를 더욱 확고하게 하는 것도 도움이 된다.

○ 강인한 힘의 느낌을 견지한 채 도전적인 상황 쪽으로 의식을 데리고
간다. 결의에 찬 마음을 견지하면서 지금 부딪쳐야 할 상황이 만만
치 않을 것이라는 사실을 받아들이고 마지막으로 도전에 임한다.

○ 강인한 의도를 가진 채 도전하고 있는 상황을 상상해 보라. 비록
쉽지 않은 과제이지만 의식의 공간 속으로 문제들이 흘러가도록
일단은 내버려 두라. 넉넉한 마음으로, 지나치게 힘들이지 않고,
맑은 마음, 선량한 의도를 가진 채 온몸과 온 마음을 다해 이 문제
가 해결되어 흘러가는 것을 지켜보라.

○ 생각날 때마다 확고한 의도를 다짐하고 용솟음쳐 오르는 활력감
을 느껴 보도록 하라. 확고한 의도를 다짐할 때 솟아나는 좋은 느
낌 또한 놓치지 말라. 이런 생동하는 강력한 힘과 기분 좋은 느낌
이 당신의 존재 속에 용해되어 치솟아 오르도록 하라.

명상과 관련 있는 뇌의 중요 구조와 기능

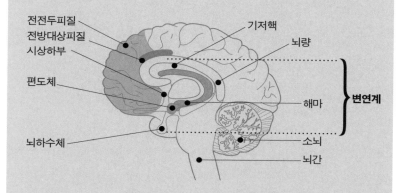

전전두피질
전방대상피질
시상하부
편도체
뇌하수체
기저핵
뇌량
해마
소뇌
뇌간
변연계

○ **전전두피질**(prefrontal cortex, PFC) : 목표 설정, 계획 수립, 행동 지시 및 정서를 조절하는 뇌의 최고 사령부이다. 또한 변연계에 속하는 해마, 편도체 등을 지배하고 통제한다. 마음챙김 명상을 하면 전전 두피질의 세포체 밀도가 높아진다고 알려져 있다.

○ **전방대상피질**(anterior cingulate cortex, ACC) : 자기 조절, 주의가 흔들 리지 않도록 통제하고, 의도한 바대로 계획이 집행되고 있는지 감시 하고, 사고(이성)와 감정을 통합하는 일을 한다. 마음챙김 명상과 가 장 밀접하게 관련 있는 뇌 부위로, 마음챙김 명상을 하면 전방대상 피질의 회백질 밀도를 높여 준다.

○ **섬피질**(insula) : 뇌의 측두엽 속에 파묻혀 있는 도파민의 피질 부위
로서 신체 내부에 있는 장기, 특히 작은 창자들의 미세한 운동을
감지하고, 타인과의 정서적 공감, 연민 등을 담당하는 피질이다.
마음챙김 명상을 하면 섬피질의 회백질 밀도가 높아진다.

○ **해마**(hippocampus) : 변연계를 이루는 중요 구조이다. 새로운 기억을
형성하고, 편도체의 기능을 억제하며, 새로운 뉴런이 생성되는 뇌
부위이자, 뇌의 회복 탄력성 중추이다. 마음챙김 명상으로 해마의
회백질 밀도가 높아진다.

○ **편도체**(amygdala) : 정서적 의미(특히 위기감)가 포함되어 있는 자극이
나 부적 자극에 신속하게 반응하는, 일종의 뇌 속 "경보 장치"이다.
마음챙김 명상을 하면 편도체의 기능을 안정시킬 수 있고, 회백질의
밀도를 줄일 수 있다.

○ **시상하부**(hypothalamus) : 식욕, 갈욕, 성욕과 같은 일차적 충동을 조
절하는 곳이다. 이 부위에서 옥시토신이 만들어지며, 뇌하수체의 활
동을 통제한다.

○ **뇌하수체**(pituitary gland) : 엔도르핀을 만들고, 스트레스 호르몬을 해
발시키고, 옥시토신을 방출한다.

○ **변연계**(limbic system) : 진화적으로 신피질보다 먼저 만들어진 구피

질이다. 주로 정서와 동기를 지배하는 뇌 중추이다. 해마, 편도체, 시상하부, 기저핵, 대상피질, 섬피질까지 변연계에 포함되어 있다.

○ **뇌간**(brain stem) : 세로토닌, 도파민 같은 물질을 만들어 다른 뇌 부위로 보낸다. 각성 유지, 수면과 관련되어 있으며, 호흡, 맥박 등 기본적인 생명 유지 기능에 절대적으로 중요한 뇌 부위이다.

○ **시상**(thalamus) : 각종 감각 정보의 중요 중계소이다.

○ **기저핵**(basal ganglia) : 보상, 자극 추구 및 안면 운동과 관련되어 있다.

제6장

평정심
갖기

평정심이란

편안하게 안정되어 있는 마음을 평정심(平靜心)이라 한다. 다시 말해 흔들림 없이 안정된 마음이 지속되는 상태를 칭한다. 평정심이 유지되고 있는 상태에서는 마음속을 스치고 지나가는 것들이 걸림 없이 여유롭게 흘러가므로 마음의 바탕은 흔들리지 않고 차분한 상태를 유지할 수 있다. 평소 우리의 뇌는 온갖 자극이나 생각에 휘둘려 어지럽게 흔들리지만, 평정심을 갖춘 상태에서는 뇌가 안정된 상태에 지속적으로 머물 수 있다. 따라서 평정심 상태에서는 자극, 느낌, 욕망, 분노에 따른 과격한 반응들이 일어나지 않으므로 괴로움을 야기하는 뇌 회로의 활동 역시 일어나지 않는다.

평정심 상태에서는 느낌이나 욕망의 주변에 완충 공간이 만들어져 있어 느낌이나 욕망에 따라 반사적으로 반응하지 않는다. 그러므로 평정심을 유지하면 느낌에서 욕망으로, 욕망에서 집착으로, 집착에서 괴로움으로 이어지는 마음의 고리가 차단되어 괴로움의 반복을 피할 수 있다.

또한 평정심은 무관심이나 냉정함과는 다르다. 평정심 상태에서는 사물이나 세상을 따뜻하게 바라보지만 세속의 욕망에 휩쓸리거나 이끌려 다니지 않으므로 고통받지 않는다. 또한 매사에 시시비비를 가리거나 일희일비하지 않으므로 상황에 따라 중심이 흔들리지 않으면서도 따뜻한 마음, 친절한 마음, 그리고 넓게 열린 마음은 그대로 유지할 수 있다. 그러므로 평정심의 상태야말로 가장 이상적인 마음 상태라 할 수 있겠다.

평정심과 뇌 활동

● 이해와 의도의 통합

평정심 상태에서는 즐거움을 쫓거나 불쾌감을 피하지 않는다. 대신 지금 경험하고 있는 대상과 나 사이에 일정한 완충 공간을 마련함으로써 나와 욕망이 분리되도록 한다. 이러한 평정심 상태의 신경학적 특성은 무엇일까?

평정심 상태에서는 우리가 경험하는 것들은 무상하고 덧없는 것으로 이해하면서 사물을 바라보기 때문에 쾌락과 고통이란 이분법적 관점에서 벗어나 있다. 이런 평정심 상태는 미망에서 깨어난 상태라고 할 수 있는데, 달콤함과 경계심을 넘어 있는 지혜의 세계라 지칭할 수 있을 것이다.

이런 평정심 상태에서는 우리가 경험하는 모든 것들은 오직 변화하는 한갓 덧없는 것으로 이해하게 된다. '덧없는 것'이란 이해는 전전두피질(PFC)의 활동에 기반을 두고 있으며, 쾌에도 불쾌에도 끌려가지 않은 채 안정된 상태를 유지하는 것은 자기 조절 기능을 담당하는 전방대상피질(ACC)의 활동에 기반을 두고 있다. 다시 말해 전전두피질의 '덧없는 것'이란 이해와 전방대상피질의 자기 조절 의도가 협동적으로 작용하고 있는 것이 평정심 상태에서 일어나는 뇌 활동 기반의 핵심이라 할 것이다.

● 마음의 평화 유지

평정심 상태란 곧 마음이 고요한 상태를 유지하는 것인데, 이때는 경험하는 모든 대상을 충분히 의식하면서도 이들 대상에 휘둘려 끌려가지 않는다. 평정심이 깊어지면 깊어질수록 마음의 충만함은 자연스럽게 더욱 확장된다. 이처럼 대상에 끌려가지 않으면서도 충만감이 더욱 크게 확장되고 고요의 상태가 유지될 수 있는 것은 바로 자기 조절센터라 부르는 전방대상피질이 흔들림없이 계속하여 주도적인 역할을 하기 때문이다.

● 의식 공간의 확대와 정신 과정의 통합

평정심 상태에서 나타나는 두드러진 변화 중 하나는 의식의 활동

공간이 드넓게 확장된다는 것이다. 다시 말해 평정심 상태에서는 뇌 피질의 다양한 영역들에 산재되어 있는, 수백억 개의 뉴런들이 초당 30~80번의 빠른 주기로 박동하면서 파장이 멀리 퍼져나가는 감마(γ) 파를 보이는 공조 현상이 나타난다. 이는 곧 의식의 공간이 드넓게 확장되는 것을 뜻한다.

오랫동안 명상 수련을 해서 평정심 상태가 지속되는 승려들에게서 특히 두드러지게 나타난다는 감마파는 고도의 주의 집중력, 작업기억, 학습, 지각 등과 같은 고등 정신 현상과 매우 밀접하게 관련되어 있다. 또한 다양한 뇌 피질 영역들에 두루 펼쳐 제각기 다른 기능을 하는 신경원들이 동시적으로 작동한다는 것은 지적(인지적) 과정과 정서(감정적) 과정이 동시에 작동되고 있음을 의미하기도 한다. 이것은 평정심 상태에서는 고도로 통합된 심리 과정이 일어나고 있다는 뜻이다.

● 평정심 상태가 곧 도(道)의 상태다

제3장에서 본 것처럼 괴로움의 전파로인 시상하부 – 뇌하수체 – 부신 축(HPA 축), 그리고 교감신경계(SNS)의 두 가지 반응 체계는 연쇄적으로 반응한다. 괴로움이 발생하는 상태, 다시 말해 스트레스 상황이 생기면 우리의 몸은 고도로 활성화된다. 그런데 이런 과잉 활성화는 일차적으로 편도체의 지배를 받는 매우 강력한 교감신경계의 반응이므로, 이를 방치하게 되면 온갖 종류의 질병에 걸리기 쉽다. 그러므로 부교감신경계를 활성화시켜 교감신경계의 불을 꺼야 한다는 것

은 이미 지적하였다. 명상 수련을 통해 평정심을 기르게 되면 교감신경계가 진정되고 부교감신경계는 활성화되어 괴로움의 불을 끌 수 있고, 편안하게 흔들림없이 조화로운 마음 상태로 잘 유지할 수 있기 때문에 정신적·신체적으로 건강을 잘 유지할 수 있다.

평정심이 깊어져 내적으로 고요한 상태에 이르게 되면 즐거워하나 즐거움을 갈구하여 쫓아가지 않을 수 있고, 좋아하나 좋아하는 대상에 매달려 끌려가지 않을 수도 있고, 좋아하는 대상을 무시하지 않으면서도 고요함을 유지할 수 있어 괴로움의 사슬로부터 벗어날 수 있다. 이런 평정심의 경지를 옛사람들은 도(道)의 경지라 했다. 그러므로 가장 이상적인 심신의 경지는 바로 평정심이 지속되는 상태라 할 수 있다. 흔히 선(禪)에서 평상심이 도이고, 부동심(不動心)이 도라고 하는 말 역시 평정심 상태가 가장 이상적인 심리·생리 상태임을 가리키는 것이다.

평정심을 기르자

우리가 명상을 수련하는 가장 중요한 이유도 바로 평정심 상태에 머물기 위함이다. 그런데 평정심 상태로 머물기 위해서는 몇 가지 수행 단계를 거쳐야 한다.

첫째 단계에서는 세상사를 바라보는 인식에 대변화가 일어나야 한다. 우리는 원하는 보상을 얻고, 불쾌한 일은 피하기 위해 온갖 노력을 다한다. 그러나 그렇게 갈구하던 보상도 막상 얻고 보면 바랐던 것만큼은 대단치 않다고 생각하여 금방 실망한다. 반대로 피하고 싶어 안달했던 불쾌한 일도 막상 부딪치고 보면 별 것 아니란 것도 알게 된다. 따라서 그처럼 갈망하던 것도, 또한 그처럼 회피하려던 것도 현실적으로 부딪혀 보면 생각했던 것만큼에 미치지 못하는 별 것 아니란 것을 인식하게 되는 단계가 평정심에 들어가는 첫 번째 단계이다.

이와 더불어 세상만사가 우리의 의도대로만 되는 건 아니란 것도 인식해야 한다. 최선을 다해 노력한다 해도 성공할 수 있는 확률이 상대적으로 좀 높아졌을 뿐 반드시 성공하는 것은 아니다. 성공에 작용하는 요인은 노력 외에도 너무나 많기 때문이다. 우리는 더 좋은 내일을 위해 오늘 최선을 다하지만 최선을 다한다 하더라도 미래를 결정하는 요인들은 너무나 많고, 자신의 통제 밖에 있는 것도 많다는 것을 알게 된다. 그러므로 최선을 다했다는 데 의미가 있을 뿐 그 결과까지 완전하게 보장 받을 수 없다는 것을 받아들여야 한다.

둘째로, 평정심을 유지하는 것이 무엇보다 중요하다는 것을 끊임없이 스스로에게 다짐하고 거듭 평정심에 머물겠다는 의도를 환기해야 한다. 만약 한순간이라도 평정심을 놓치고 욕망이나 쾌락에 끌려가 버리면 되돌릴 수 없는 괴로움의 구렁텅이 속으로 빨려 들어간다. 일단 욕망이나 쾌락에 끌려가 생긴 괴로움으로부터 벗어나기 위해서는 평정심을 유지해야 된다는 것을 끊임없이 환기하라. 일상생활에서 순간순간의 쾌락과 욕망을 알아차림하되 쾌락이나 욕망과 나 자신 사이에 적절한 공간을 만들어 욕망이나 쾌락에 즉각적으로 반응하지 않고 멀찍이서 바라보고 알아차림한 후 이를 놓아 버려야 한다. 이렇게 일정한 거리를 두고 바라볼 수 있도록 하는 마음 훈련이 바로 '마음챙김'이다.

셋째, 마음의 안정 상태를 지속적으로 유지해야 한다. 우리의 뇌는 중립적인 상태에 머물러 있지 못하고 계속하여 동요한다. 따라서 우리는 의식적으로 뇌를 중립 상태로 되돌려 놓고 그 상태를 유지할 수 있도록 노력하지 않으면 안 된다. 마음을 안정 상태에 머물도록 하는 훈련을 마음집중, 이른바 사마타(samatha) 명상이라 한다. 호흡 명상, 만트라 명상, 절 명상, 진언 명상이 바로 손쉽게 할 수 있는 마음집중 명상이다. 마음이 안정 상태에 지속적으로 머물면 평정심으로 가는 입구 쪽으로 가는 것이므로 언제나 변하지 않는 '참 나'를 만날 수 있다.

넷째, 의식의 공간을 넓혀 가야 한다. 우리 마음속에 일어나는 개개 현상들은 마치 밤하늘에 나타났다가 사라지는 별똥별과 같다. 무한한 우주 공간을 지나가는 별똥별들은 이 우주 공간을 해치지도 않고, 더럽히지도 않는다. 다른 어떤 것에도 영향을 주지 못한다. 그러므로 의식의 공간 속에서 일어나는 온갖 잡다한 생각에 대해서도 나타나든 사라지든 그냥 바라보고 내버려 두라. 어떤 생각이든 생각은 생각일 뿐, 붙잡지도 말고, 따라가지도 말고 그냥 내버려 두라. 내버려 두면 어떤 잔해도 남기지 않고 그냥 사라지고 만다.

마지막으로 고요 속에 머물러야 한다. 고요 속에 머무르려면 순간순간의 느낌이나 욕망, 또는 생각에 반응하거나 따라가지 말아야 한다. 우리는 쾌락에는 맹목적으로 빨려 들어가고, 불쾌한 느낌은 무조건 회피하려고 한다. 이처럼 느낌의 호불호에 따라 반응하는 것은 욕망의 노예와 다를 바 없는데, 이런 욕망의 노예 상태에서 벗어나 있는 것이 곧 평정심 상태이다.

중국 선불교의 3대 조사인 승찬 스님은 선(禪)의 궁극적인 경지를 쉽게 풀이하여 쓴 글 「신심명(信心銘)」의 첫 구절에서 "지극한 도에 이르는 것은 어렵지 않다. 다만 간택하는 마음, 즉 분별하는 마음을 버려야 한다(至道無難 唯嫌揀擇)."라고 말한다. 가능한 '좋다, 나쁘다'로 가르고 '원하는 것과 싫은 것'으로 가르는 마음을 버리도록 노력해야 함을 강조한 것이다. 불교에서는 '탐욕, 미움, 어리석음에 끌려가지 않는 삶'을 마음 수행의 기본으로 삼는다. 우리가 바로 이런 것들에 끌려 다니기 때문에, 우리 삶은 괴로움이란 악순환의 고리에서 벗어나지 못하고 있는 것이다.

평정심 배양을 위한 마음챙김 명상

평정심은 일상생활 속에서나 마음챙김 명상을 통해서 훈련할 수 있다. 오직 지금 이 순간 바로 여기에서 느끼는 경험에 마음챙김함으로써 환상이나 미망으로 빠져 들어갈 기회를 주지 않는 것이다. 순간순간 나타나는 느낌과 경험은 그냥 왔다가는, 나타났다가도 사라져 버리는 일시적인 것이기에 그런 것에 끌려가거나 회피할 필요가 없다는 것을 아는 것이 마음챙김 수련의 요체이다. 평정심 개발을 위한 마음챙김 명상 수련의 한 방법을 소개한다.

○ 자, 잠깐 동안 심호흡을 하면서 아랫배나 콧구멍 주변의 감각에 의식의 초점을 두라(마음챙김 호흡).

○ 마음이 안정되면, 순간순간 변화되어 가는 기분의 상태-즐겁거나 즐겁지 않거나 또는 무덤덤하거나-에 마음챙김한다. 어떤 기분이 일어나든 흔들리지 말고, 약간 떨어진 상태에서 그 기분을 바라보라. 어떤 기분을 느끼든 느끼는 그대로 느끼고, 그 느낌을 수용하여 편안한 마음으로 지켜 보라.

○ 자, 이번에는 바깥에서 들려오는 온갖 종류의 소리 자극에 대해 알아차림해 보자. 지금 들려오는 소리 하나하나를 분석하거나 평가하려 하지 말고, 소리를 그냥 소리로만 느껴라.

○ 다음에는 저절로 떠오르는 온갖 생각들에 대해 알아차림해 보자. 지금 이 순간 떠오르는 생각이 좋은 생각인지 나쁜 생각인지 따지지 말고, 그냥 생각으로만 바라보라. 한 생각이 생겨났다가 진행되어 가다가 사라져 가는 모습을 바라보라.

○ 자, 이제부터는 더 넓은 마음의 공간 속에 나타났다가 사라져 가는 온갖 감각들, 감정들, 그리고 생각들에 대해 일일이 따지거나 반응하지 말고 그냥 나타났다 사라져 가는 모습들을 바라보기

만 하자.

○ 자, 이제부터는 점차 마음이 자유로워져 가는지 주목해 보라. 유쾌 쪽으로나 불쾌 쪽으로나 어느 한쪽으로 마음이 더 기울지는 않는지 주목해 보라. 유쾌할 때도 더 이상 반응하지 않고 단지 유쾌할 뿐, 불쾌할 때도 더 이상 반응하지 않고 단지 불쾌할 뿐, 중립적일 때도 더 이상 반응하지 않고 단지 중립적일 뿐, 어느 한쪽으로 기울어지지 않는 마음 상태를 유지하라. 아무런 반응도 하지 말고 그냥 알아차림만 할 뿐.

○ 이런 마음의 중립 상태에서 계속 머물러 보라. 마음속으로 점점 더 깊게 들어가면서 최상의 자유로움, 평화로움, 여유로움을 만끽해 보라.

○ 이제 살포시 눈을 뜨라. 눈앞에 나타나는 어떤 것이든 선호하지 말고, 있는 그대로 바라보라. 그것이 즐거운 것이든, 즐겁지 않은 것이든, 또는 중립적인 것이든 어떤 선호감 없이 있는 그대로 바라보라.

○ 몸을 약간 움직여 보라. 이때 느껴지는 신체 감각들에 대해 그것이 즐거운 감각이든, 즐겁지 않은 감각이든, 중립적인 감각이든, 어떤 선호감 없이 있는 그대로 감각을 바라보라.

○ 지금 만난 사람들이나 당면한 상황들, 그 어떤 것이든 생각이나 감정을 개입시키지 말고 있는 그대로 바라보라.

제7장

사랑하는
마음
기르기

사랑과 미움이란 늑대

'사랑[애(愛)]'과 '미움[증(憎)]'만큼 유행가, 영화 또는 드라마의 제목으로 많이 사용된 소재가 있을까. 우리나라뿐만 아니라 전 세계적인 현상일 것이고, 인류 역사에서도 가장 두드러진 주제였을 것이다. 이것은 곧 사랑과 미움이 우리 인간의 마음을 대표하는 것이기에 그만큼 관심이 많다는 뜻이리라.

북아메리카 원주민들 중에 가장 두드러진 문명을 가지고 있었다고 알려진 체로키 인디언의 전설 중에 인간의 본성을 설명하는 두 마리 늑대 이야기가 있다.

우리 인간의 마음 깊숙한 곳에는 늑대 두 마리가 살고 있는데 한 마리는 '사랑'이란 이름의 늑대이고, 또 한 마리는 '미움'이란 이름을 가진 늑대이다. 사람에 따라 따뜻하고 친절한 사람이 있는가 하면, 포악하고 욕심 많은 악한 성품의 사람이 있는데 이런 성품의 차이는 이 두 마리 늑대를 평소 어떻게 다루는가에 따라 결정된다. 늑대의 주인이 평소 사랑이란 놈에게 먹이를 많이 주는가, 아니면 미움이란 놈에게 먹이를 많이 주는가에 따라 성품이 달라진다는 것이다. 사랑이란 늑대는 온화한 성품의 기본 바탕 위에 친절과 사랑, 공감과 연민의 마음을 특징으로 하는 착한 늑대이다. 반면 미움이란 이름의 늑대는 적대적 성품의 기본 바탕 위에 두려움과 분노, 불신과 탐욕의 마음을 특징으로 하는 사악한 늑대이다.

그러면 과연 미움이를 사랑이로 바꿀 수 있을까? 또는 사랑이를 더욱 크고 튼튼하고 믿음직하게 키워 나갈 수 있을까? 이를 알아보기 위해서는 우선 사랑과 미움의 속성을 진화의 측면에서 살펴볼 필요가 있다. 진화의 긴 역사 가운데 사랑이 미움보다 생존에 더 유리했을까, 아니면 미움이 사랑보다 생존에 더 유리했을까?

사랑은 사회적 관계의 산물

● 유인원의 사회성

진화론의 입장에서 볼 때 원시 단계의 생명체가 인간으로까지 진화되는 데 가장 강력하게 작용한 힘은 동족 간에 서로 친밀하게 지내게 하는 '사랑의 힘'이었다. 왜냐하면 동족 간에 서로 싸우지 않고 친밀하게 지내는 것이 생존에 보다 유리했기 때문이다. 동족 간에 친밀한 관계를 유지하도록 하는 사회성의 발달이 생존의 가능성을 더욱 높인 것이라면 사회성의 발달과 뇌 발달은 밀접한 관계가 있을 것으로 추정할 수 있다. 그럼 그 증거를 찾아보자.

뇌의 진화에 있어 가장 중요한 시기는 영장류의 출현과 함께한다. 지금부터 약 8,000만 년 전 지구상에 처음으로 영장류가 등장했는데 이들은 하루 중 약 6분의 1의 시간, 즉 4시간 정도를 동료의 털을 골라 주는 데 할애하였다. 재미있는 것은 동료의 털을 보다 오랜 시간, 잘 골라 주는 동물일수록 스트레스를 덜 받는다는 사실이다. 다시 말해 상대를 더 많이 배려해 주는 사회적인 개체일수록 이기적이거나 다른 동료들에게 착취적인 놈에 비해 자손을 더 많이 얻고 생존에 보다 유리했다는 것이다.

한편, 사회성이 좋은 영장류일수록 대뇌피질이 더욱 발달되어 있다는 것도 입증되었는데 이것은 사회적 관계가 복잡해질수록 뇌의 기능도 함께 복잡해졌을 것이기 때문이다. 예컨대 유인원 가운데 사회성이 가장 발달된 오랑우탄이나 고릴라, 침팬지 같은 동물들은 무리 가운데 지나치게 흥분하여 날뛰는 동료가 있을 때 이들을 달래 주는 행동을 하기도 하고, 사람처럼 웃기도 하고, 울기도 한다. 이들 고등 영장류의 뇌에서는 "방추 세포(spindle cell)"라 불리는 특이한 뉴런이 두드러지게 많이 관찰되는데, 이 세포는 사회적 관계와 관련된 기능을 지배한다고 알려져 있다.

방추 세포는 세포체가 마치 베를 짜는 방추(spindle)처럼 생겼다는 데서 그 이름이 유래한 것으로, 뇌 피질 가운데 특히 대상피질(cingulate cortex)과 섬피질(insula)에서 주로 발견된다. 이 두 피질은 알아차림(자각) 기능과 공감과 연민과 같은 따뜻한 마음을 관장하는 곳이자, 명상하는 동안 가장 두드러지게 활동하는 곳이기도 하다. 자각이란 자기가 체험하는 미묘한 신체 심부의 감각, 미묘한 느낌, 감정, 생각 등에 대해 알아차림을 말하고, 공감이란 동료가 느끼고 있는 미묘한 감각, 감정, 생각을 함께 느낌을 말한다. 바로 감성 능력과 사회성 능력이라 볼 수 있다.

그러나 이 두 능력은 별개로 작용하는 것이 아니라 상호 연관되어 있다. 자각 능력이 발달되면 동시에 공감 능력도 발달하는 것이다. 즉 자각 없이는 공감도 없다는 뜻이기도 하다. 따라서 우리가 마음챙김을 많이 하면 할수록 자기의 마음을 아는 힘과 더불어 남의 마음을 아는 힘이 동시에 발달하게 된다.

● 인간의 사회성

현생 인류의 조상인 원시 인류가 유인원으로부터 갈라진 시점은 지금으로부터 대략 300~400만 년 전쯤으로 추정한다. 이때부터 원시 인류는 석기를 사용하기 시작했는데, 그 당시부터 오늘날까지 인간의 뇌는 용적상으로 봤을 때 유인원의 뇌에 비해 약 3배 정도 더 커졌다. 그리고 뇌의 용량이 커짐에 따라 인간은 자각과 공감 같은 사회적·정서적 능력과 언어 능력, 개념 처리 능력과 같은 고등 정신 현상이 다른 유인원에 비해 크게 발달하게 되었다.

인간은 앞서 본 침팬지, 고릴라, 오랑우탄 등 고등 유인원에 비해 월등히 많은 수의 방추 세포를 가지고 있다. 이것은 자각이나 공감 같은 감성 능력과 사회성 능력을 관장하는 대상피질이나 섬피질과 다른 뇌 피질 사이를 오가는 정보의 고속도로가 매우 발달되어 있다는 뜻이다.

대상피질과 섬피질이 특별하게 발달한 것은 인간이 사회적 동물로 진화하는 데 큰 힘이 되었을 것이다. 그 결과 인간은 서로 사랑하고, 짝짓기를 하고, 함께 먹거리를 구하고, 소중한 자원을 얻기 위해 다른 무리와 효율적으로 협조하거나 경쟁할 수 있는 능력을 두루 갖추게 되었다. 그래서 사회적 능력이 뛰어난 집단일수록 가혹한 생존 경쟁의 환경에서 승자가 되어 보다 많은 수의 후손을 남기고, 보다 풍성하고 드넓은 영지를 차지할 수 있었던 것이다.

공감 능력의 발달

공감이란 타인의 마음이나 감정을 알아차리고 함께하는 능력으로, 진정한 사회 관계 형성을 위해 무엇보다 중요한 마음이다. 그래서 수십 년을 함께 살아온 부부나 가족이라 할지라도 서로 공감하지 못하면 남남이나 마찬가지이다. 형식상의 부부, 또는 가족일 뿐이라는 뜻이다.

인간은 다른 어떤 종의 동물에 비해서도 뛰어난 공감 능력을 갖추고 있다. 공감 능력은 다음과 같은 세 종류의 신경계가 관여한다. 첫째, 우리 뇌 속 다른 사람의 행동을 보고 있을 때 작동하여 타인이 느끼고 있는 경험을 내가 함께 느낄 수 있도록 해주는 신경원이다. 이 신경원은 타인의 마음이나 행동을 마치 거울처럼 비추어 알려준다 하여 "거울 신경원(mirror neuron)"이라 부른다. 거울 신경원은 운동 피질인 전두엽 부근과 신체 감각 피질인 두정엽 부근에 존재한다.

다음으로는 우리가 공포나 분노와 같은 강렬한 정서를 느낄 때 작동하는 신경 회로이다. 이 회로는 상대방과 내가 유사한 감정을 느낄 때 역시 작동한다. 섬피질에 있는 이 신경원은 사랑하는 사람의 감정에 더욱 민감하게 반응한다. 그리고 자신의 심부 장기에서 일어나는 반응과 같은 미묘한 신체 내부의 감각과 상대방의 신체 내부의 감각이 감지될 때도 섬피질과 전방대상피질에 있는 신경원들이 민감하게 반응한다.

마지막으로 타인의 마음속에서 일어나고 있는 일을 읽어 내는 능력을 '마음 이론(Theory of mind, TOM)'이라 부르는데, 이 능력은 전전두엽과 측두엽에 있는 신경원들에 의존한다. 이들 영역은 앞서 언급한 섬피질이나 대상피질보다 진화적으로 늦게, 말하자면 가장 최근에 발달된 피질이다. 마음 이론 능력은 3~4세에 처음 나타나서 10대 후반에서 20대 초반에 이르러 신경원의 수초화가 완성될 때쯤 발달이 끝나게 된다.

세 종류의 공감 능력 시스템은 서로 협력하여 작용한다. 그리고 공감 능력은 자애심의 발달과 매우 밀접하게 관련된 능력으로 이기심에서 이타심으로 진행되도록 하는 교두보 역할을 한다.

사랑을 매개하는 신경 전달 물질

진화는 무리원들 간의 친밀감에 의해 결속력을 높이고 엄마와 아기 간의 애착감을 높이는 방향으로 작용했다. 애착감을 높이기 위해 생물학적으로 신경 회로가 강화되고 신경 전달 물질의 공급이 뒷받침되었다. 이런 생물학적 뒷받침에 따라 집단원 내에서 남녀 간의 결속 능력, 즉 이성 간 사랑하는 능력이 더욱 공고하게 이루어져 갔다.

애욕에 바탕을 둔 이성 간의 사랑은 문명 사회이건 원시 사회이건, 인류사회 어디에서든 발견되는 공통적인 현상이다. 그러므로 애욕에 따른 사랑은 문명이라는 변인에 의해 좌우되는 것이 아니라 생물학적 특성에 기본 바탕을 두고 있다. 많은 과학자들이 사랑이나 친밀감에 영향을 미치는 생물학적 요인을 탐색해 왔는데, 한때는 바소프레신(vasopressin)과 도파민(dopamine)이란 신경 전달 물질이 사랑을 매개하는 핵심 물질인 줄 알았지만 최근에는 이 물질들보다 옥시토신(oxytocin)이라는 물질이 더 중요한 물질이라고 결론 내렸다.

옥시토신은 남녀 모두에게서 발견되지만 남성에 비해 여성에게서 월등히 많이 분비된다. 이 물질은 타인을 따스하게 보살펴 주고, 소중하게 여기는 마음을 만들어 낸다. 그래서 옥시토신은 상대방과의 눈맞춤을 촉발시키고, 상호 신뢰감을 높이고, 편도체의 지나친 흥분을 누그러뜨리는 작용을 하고, 상호간에 접근 행동을 야기하기도 한다. 특히 여성의 경우 스트레스 상황에서 친구를 찾아 수다를 떨게 하여 스트레스 수준을 낮추어 주는 기능도 한다.

한편 이성과의 관계 초기에 느끼는 강력한 애욕적·신체적 사랑은 도파민이라는 신경 전달 물질의 지배를 받는다. 도파민의 영향을 강하게 받는 동안 이성과의 관계는 너무나 강렬하고, 변덕스럽고, 즉각적이고 광적이다. 그러나 관계가 점차 진전되어 나감에 따라 도파민에서 옥시토신으로 신경 전달 물질의 주도권이 넘어가게 되면서 사랑은 보다 부드럽고, 안정적이고, 충만하고, 정적으로 바뀌게 된다. 그러나 관계가 오랫동안 지속된 경우에도 가끔씩 도파민의 우세가 나타나서 극렬한 쾌감과 행복감으로 유도하는 강렬한 신체적 사랑 행위가 이루어지기도 한다.

어떤 동물이든 아기는 귀엽고 사랑스러워 감싸 주거나 보호해 주고 싶은 마음이 저절로 생긴다. 엄마와 아기 사이의 애착은 본능적인 것이어서 거친 자연의 세계에서 아기의 생존 기회를 높여 주는 데 가장 강력한 역할을 했다. 엄마와 아기 사이의 애착 시스템은 다양한 신경망 기제에 따르는데, 이 애착 신경망에는 자각, 공감, 주의 집중, 감정과 동기 조절 등에 관여하는 다양한 신경망들이 두루 포함된다. 이런 신경망들이 협동적으로 작용하여 아기와 엄마 사이의 강렬한 관계, 즉 애착 관계를 형성하도록 해준다. 아기를 보호하는 부모, 특히 엄마와 아기 사이에서 반복적으로 이루어지는 애착 경험은 이 신경망의 활성을 한 단계 더 높여 주어 동료들과의 관계 형성과 자기 인식을 형성하는 데도 기여한다.

그러나 아기를 보호하는 긴 시간 동안 엄마는 많이 지치게 되고 신체적으로 에너지가 고갈된다. 여러 생물 가운데에서도 특히 육아

기간이 긴 인간이 스트레스를 가장 많이 받는다. 그래서 우리 뇌는 출산 직후 산모가 평소에 비해 엄청나게 많은 양의 옥시토신을 분비하게 하여 이런 지친 상태를 극복하도록 하는 데 도움을 줄 수 있도록 진화했다. 출산 후에는 도파민의 영향으로 부부가 성적 관계에 빠져 들어가는 것을 제어하기 위해 측위신경원(nucleus accumbens)이라는 곳에서 옥시토신과 세로토닌을 분비한다. 그중에서도 특히 많은 양의 옥시토신이 분비되어서 엄마가 아기를 떠나지 못하게 해서 아기를 지키고 보살피도록 하였다.

사람의 경우, 부모와 자식의 애착 관계는 다른 동물들과 비교해봤을 때 매우 독특하다. 옥시토신과 같은 신경생물학적인 요소들과 문화적, 환경적 요인과 같은 후천적 요인들이 서로 결합하여 독특한 부모 자식 간의 애착 관계를 형성하는 것이다.

왜 미움이 생길까

앞서 본 것처럼 인간은 협동적이고 공감 능력이 있으며 사랑의 힘을 중심으로 진화하여 생존력을 키워 왔다. 그렇다면 왜 우리 인류의 역사는 이타적 사랑과 협조보다 이기적이며 잔인하고 살육적이고 파괴적인 전쟁의 역사로 얼룩져 왔단 말인가?

오랜 진화의 역사 동안 우리의 조상들은 굶주림, 추위, 더위, 포식자의 위협, 질병 등과 같은 거친 환경과 열악한 생존 조건에 노출되어 왔다. 더구나 기후의 변동에 따른 먹이 자원의 부족은 인간이 심각한 굶주림과 아사를 겪게 하고 종족들 간에 서로 침략과 약탈을 하는 원인이 되었다. 그래서 경우에 따라서는 이웃이 서로 협동하거나 경쟁적이어야 생존과 번식에 유리하다는 것을 알게 되었다. 이에 따라 이웃에 대한 협동성과 같은 사랑의 마음을 촉발하는 신경망과 적대성과 같은 적의감을 촉발하는 신경망이 동시에 발달되어 왔다. 특히 적의감이 행동으로 표출되는 공격성은 위협에 대한 대응 행동이므로 위협을 재빨리 감지하는 데 특화되어 있는 편도체가 공격성을 야기하는 신경 중추 역할을 하게 된 것이다.

앞서 본 것처럼 편도체는 분노, 두려움, 긴장 등과 같은 혐오감을 야기케 하는 뇌 속의 경보 장치이다. 편도체가 '정확한 정보 없이' 위기 사태로 판단하고 빠른 속도로 경고음을 온몸으로 전파시키면 마음 깊은 곳에 있는 증오의 늑대가 미쳐 날뛰게 된다. 그러면 사랑이나 협동의 대상, 즉 "우리 편"의 범주가 축소되어 극심할 때는 "나"를 제외한 모든 대상이 나의 "적"이 되기도 한다.

"우리 편"이 아니라 "적"으로 간주하는 순간 뇌와 마음은 자동적으로 상대를 평가 절하하고 나쁜 대상으로 취급한다. 그리고 적들에게 공포와 절망감을 주기 위해 무차별적인 공격을 가하게 된다. 이 같은 무차별적인 공격은 크게는 전쟁을 불러 오고 적게는 권력 싸움, 가정 폭력 등의 형태로 나타난다. 이렇게 미움의 늑대가 날뛰게 되면 온갖 비극적 결과들이 전개된다.

그러나 누구나 마음속 깊은 곳에 미움의 늑대가 반드시 있다 하더라도 크게 문제되지는 않는다. 사랑의 늑대가 가진 힘을 더욱 키워서 미움의 늑대를 수용하고 달래면 된다. 이것이 곧 사랑의 힘으로 미움을 없애는 것이다. 미움을 없애는 데는 사랑의 힘을 더더욱 키우는 것 외에는 별다른 좋은 방법이 없다. 자비심, 자애심 같은 사랑의 마음을 키우는 것만이 미움과 적대감을 소멸시킬 수 있기 때문에 공감에서 출발하여 따뜻한 마음을 키우는 명상 수련이 반드시 필요하다.

사랑하는 마음 키우기

사랑하는 마음은 더욱 키우고 미워하는 마음은 더욱 줄이는 마음 수련 방법 열 가지를 정리해 본다.

- ○ 첫째, 마음속에 가능한 한 긍정적인 정서를 많이 배양한다. 일상 생활 속에서 느끼는 행복감, 만족감, 여유 등과 같은 긍정적 정서를 만끽하도록 습관화해 나간다. 이런 긍정적 감정이 점진적으로 쌓는 것이 곧 사랑의 늑대에게 먹이를 많이 주는 것이다. 이것이 바로 사랑으로 가득 찬 행복한 마음과 뇌를 만들어 가는 기본 과정이기도 하다.
- ○ 둘째, 불필요한 언쟁을 자제한다. 함부로 언쟁을 벌이지 말고, 언

쟁에 개입해서도 안 되며, 꼭 필요한 경우에만 개입하라. 저 사람은 저 사람이고 나는 나다. 사람마다 생각과 주장이 서로 다를 수 있다고 스스로에게 말한다. 개입하지 않아도 괜찮은 작은 일에까지 일일이 개입하여 시시비비에 휩싸이지 말라.

○ 셋째, 타인의 의도를 내 식으로 섣불리 판단하지 말라. 가장 범하기 쉬운 오류의 하나가 상대방의 의도에 대한 올바른 이해 없이 나의 주관에 따라 내 식대로 판단해 버리는 것이다. 내 방식으로 판단하는 건 나의 편견, 나의 감정에 치우친 나 중심의 일방적인 것이지 결코 객관적인 것이 아니다.

○ 넷째, 스스로를 위로하라. 부당한 대우를 받았다고 생각되면 타인에게 화내지 말고 우선 자기 자신에게 연민의 마음을 보여라. 심장 위에 손을 얹고 "내가 더 이상 고통받지 않기를" 하고 나 자신을 위로한다.

○ 다섯째, 어떤 일이 일어나도 균형감을 유지하라. 균형감의 유지가 바로 평정심의 유지이다. 마음이 한쪽으로 기울어져 혼란하게 되면 온갖 괴로움과 병이 생긴다. 몇 번 심호흡하면 마음이 진정된다. 마음이 안정되면 상황을 주시하면서 적절한 대응책을 찾거나 효과적인 반응을 선택하면 한쪽으로 휩쓸리는 마음을 바로잡을 수 있다.

○ 여섯째, 짜증나게 하는 사람을 관용과 인내심으로 너그럽게 대응하는 것을 연습하라. 관용하는 마음과 인내하는 마음을 키우는 것이 바로 넉넉함과 지혜로움을 계발하는 것이다.

○ 일곱째, 남에 대해 나쁜 마음, 미운 마음을 갖는 것은 자기 자신에게 괴로움을 만든다는 것을 알아야 한다. 남을 향하는 미운 마음은 나 자신을 해치는 고통이 된다. 미운 마음을 가지면 스트레스로 작용하여 자신의 심신을 해친다. 남에게 원한을 갖는 것은 내 스스로 독을 마시고 죽기를 바라는 것과 같다.

○ 여덟째, 때때로 나쁜 마음이 생겨나고 있지는 않은지 자신의 마음을 점검하라. 가끔씩 자신의 마음을 두루 살펴 나쁜 마음을 갖고 있지 않은지 돌아 본다.

○ 아홉째, 몹시 화나 있는 사람은 가르치려고 하지 말라. 아무리 좋은 말을 해주어도 수용하지 않는다. 이런 사람을 설득하려 들거나 잘못된 일이라고 가르치려고 하면, 악순환만 되풀이된다. 스스로 참회하고 반성할 때까지 관용하는 마음으로 바라보라.

○ 마지막으로 용서하기이다. 부당한 대우 때문에 생겨난 마음의 상처를 치유하기 위해 그냥 흘려보내는 것이다. 용서를 통해 가장 큰 혜택을 받는 자는 용서하는 나 자신이다. 용서하는 것이 곧 이기는 것이라는 지혜를 기르라.

제8장

공감과
연민의 마음
기르기

공감과 연민의 중요성

만약 상대방이 갖고 있는 말 못할 어려움을 이해할 수 있다면 그 사람
은 '나의 적'이 아니라 바로 '우리 편'으로 느낄 수 있다. 그래서 남에
대해 공감과 연민을 느끼기 위해서는 먼저 남이 어떤 상황에 처해 어
떤 마음을 가지고 어떻게 살아가고 있는지를 알아야 한다. 다시 말해
내가 어떤 사람과 마음을 열어 서로의 처지와 마음을 이해하고 서로
함께 할 수 있다는 동료애를 느끼게 되는 순간, 우리의 뇌는 상대방에
대한 경계심을 풀고, "우리 편" 또는 "적"으로 양분하는 마음을 내려놓
는다.

　이처럼 서로 간에 마음을 같이 하는 '공감(empathy)'은 진정한 인
간관계의 근간이 된다. 누군가가 나와 같은 감정을 느껴 줄 때 그는 나
에게 소중한 존재가 되며, 그와 나는 감정이나 생각을 함께 나눌 수 있

는 따뜻한 관계가 된다. 누군가에게 마음을 같이 한다는 공감을 표시해 주었을 때 어떤 결과가 돌아올 것인가는 쉽게 예측할 수 있다. 왜냐하면 공감은 상대방과 내가 뜻을 함께한다는 의미의 표현이기도 하고, 위안감을 나타내는 사랑의 표현이기도 하기 때문에 상대방에게 돌아오는 결과는 선의의 보상인 경우가 대부분이다. 나아가 공감을 통해 우리는 상대방으로부터 기대하지 않았던 유용한 정보와 그 사람의 진심이 무엇인지, 그가 무엇을 염려하는지 등에 관해 알 수도 있다. 이렇게 되면 과거 그 사람에 대해 가졌던 생각의 차이나 편견이 줄어드는 것은 말할 것도 없고, 상대방 또한 내 진의가 무엇인지를 잘 알아차리고 더 나은 방향으로 관계 개선이 이루어질 것이다.

그러나 공감한다는 것이 상대방의 입장을 전적으로 찬성한다거나 동의한다는 것과 동일한 의미는 아니다. 비록 내가 상대방의 입장에 공감한다 하더라도 내가 가진 견해는 여전히 상대방과 다를 수도 있다. 따라서 공감은 나의 주장과 권리를 포기하는 것이 아니라, 상대방의 마음을 이해해 주는 감정상의 미덕이며, 상대방과 마음을 함께할 수 있다는 인간적 예의의 표시이다. 더불어 공감은 본질적으로 아량과 관용이라는 넉넉한 마음을 내포한 것이기 때문에 남이 처한 딱한 상황을 나도 함께 느낄 수 있다는 뜻을 보여 주는 것이기도 하다.

공감이 주는 여러 가지 좋은 점도 많지만, 심한 갈등 상황이나 오래된 원한 관계와 같은 경우에는 공감 대신 적대감을 보여 주는 경우가 많다. 또한 충분히 공감이 이뤄지지 않으면 신뢰감이 구축되지 못하고 관계가 점점 더 어려워질 수도 있다. 내가 상대방으로부터 이해

받지 못한다고 느낄 때 또는 상대방이 아예 나를 이해하려고 하지 않을 때 얼마나 심한 배신감과 당혹감을 느꼈던지 기억해 보라.

어린이나 환자처럼 심신이 취약한 사람의 경우에는 공감이 깨어질 때 더욱 심한 위험에 처하는 등 심각한 영향을 받기 쉽다. 부모가 어린 자식에게 충분하게 공감해 주지 못할 때 자식은 부모와 애착 관계를 제대로 형성하지 못한다. 또한 부모나 주변 어른들이 어린이에 대해 충분히 공감하지 못하면 착취, 편견, 학대와 같은 잔혹한 행위 등이 발생하기 쉽다. 즉, 공감 없는 메마른 토양에서 사랑 대신 미움이 자라나게 되는 것이다. 사랑이란 늑대는 사랑과 공감을 먹이로 먹고 자라지만 미움이란 늑대는 공감 대신 오직 학대와 착취 같은 메마른 먹이만 먹고 자란다는 걸 기억해야 한다.

공감 훈련

공감하기 위해서는 먼저 다른 사람들의 감정, 생각, 행동 등을 이해하고 인지하는 과정이 우선적으로 필요하다. 다른 사람의 감정이나 생각을 흉내 낼 때 나는 무엇을 어떻게 느끼는지 먼저 관찰해 보라. 자신의 감정을 이입하여 상대방의 감정을 상상해 보고, 상대방의 얼굴과 눈에서 어떤 변화가 일어나는가를 살펴보라.

o 상대방에게 계속 주의를 기울이며 '상대방의 감정과 생각'에 대해 '나도 함께' 한다는 마음을 지속해 보라. 계속해서 상대방에 대해 주의와 관심을 보인다면 상대방은 나에게 호의와 고마움을 느낄 것이다. 상대방에 대한 나의 지속적인 주의집중은 전방대상피질(ACC)을 먼저 활성화시키고 이어서 자각과 공감을 담당하는 섬피질을 자극하게 된다.

o 공감 능력이 늘어난다는 것은 곧 자각 능력이 증가함과 함께 주의 집중력 또한 높아지는 것이다. 우리의 감정은 눈과 표정을 통해 주로 드러나기 때문에 상대의 얼굴과 눈을 주의 깊게 바라보는 것이 중요하다. 표정은 순간순간 바뀌어 가지만 상대방의 눈을 주의 깊게 바라보면 상대방의 감정이 어떻게 변화하는지 추이를 알 수 있다. 특히 눈은 '마음의 창'이라 불릴 정도로 감정을 잘 드러내기 때문에 상대방의 눈을 주의 깊게 바라보는 것이 중요하다. 긴장을 풀고 상대방의 감정 변화에 따라 나의 몸도 함께 공명한다고 생각하라.

o 자, 이번에는 상대방이 무엇을 생각하며 무엇을 원하는지를 생각해 본다. 상대방에 대해 미리 알고 있거나 합리적으로 추측해 볼 수 있는 것들, 예컨대 상대방의 취미, 최근 상대방에서 일어난 중요한 사건, 상대방과 나의 특별한 인연 등등을 생각하면서 상대방의 마음 깊숙한 곳에서 일어날 수 있는 느낌, 생각, 소망 등

을 상상해 본다.

○ 이번에는 상대방에 대해 내가 제대로 이해했는지를 확인해 보는 단계이다. "제가 느끼기에는 이러이러한 느낌을 받고 계실 것 같은데 혹시 그러신가요?", "이런 것 때문에 불쾌하실 수도 있을 것 같은데 혹시 그런가요?" 또는 "어떤 것을 요구하시는 것 같은데 혹시 그런가요?" 등등, 단정적이거나 논쟁적이지 않으면서도 부드러운 말투로 상대방의 느낌이나 생각을 확인해 보는 것이다.

○ 마지막은 상대방으로부터 공감 받기이다. 공감 받기를 원할 때는 열린 마음으로 솔직한 태도를 보이자. 분명하게 무엇을 원하는지 말하기를 주저하지 말라. 동의나 찬성 받기를 원하는 것이 아니라 공감 받기를 원한다는 점을 분명히 표시하는 것이 도움이 된다. 상대방이 공감해 줄 때는 그때의 느낌을 깊이 새겨 가슴에 담아 두도록 하자.

연민 훈련

다른 사람이 불쌍하고 가련하게 보이는 마음을 '연민(compassion)'이라 한다. 다른 사람이 더 이상 고통받지 않기를 바라는 간절한 마음을 내보이면 공감과 연민을 담당하는 뇌 센터인 전방대상피질과 섬피질이 활성화된다. 평소 공감과 연민의 신경망을 더욱 활성화하기 위해서는 사랑하는 사람과 함께 있을 때처럼 좋은 감정을 느끼고, 감사한 마음이나 친밀한 마음과 같은 따뜻한 감정들을 되도록 많이 느끼도록 하자. 다음으로 상대방이 겪고 있는 어려움에 대해 공감을 느끼고, 상대방의 괴로움에 대해 마음을 열고, 애틋한 마음과 따뜻한 마음이 자연스레 솟아 나오도록 해보자.

보다 본격적으로 연민의 마음을 키우기 위해서는 "그대가 고통받지 않기를" "그대의 어려움이 빨리 해결되기를" "그대의 질병이 치유되기를"과 같은 구체적인 뜻을 담은 문구를 읊조리며, 더 나아가 "모든 생명체가 고통에서 벗어나기를" 바라는 간절한 마음을 담아 기원해 본다.

사랑하는 사람들 가운데 고통을 겪고 있는 사람이 있다면 그가 어려움에서 벗어나 행복한 삶을 살아가기 위해, 그와 더 많이 소통하고 고통에 대해 공감하며 고통의 짐을 나누어 지겠다는 마음을 공유해야 할 것이다.

연민을 실천하기 위해 호흡 명상과 함께 하는 훈련을 예로 들어 본다.

○ 숨을 들이쉬면서 아픈 이웃이나 친지의 고통을 내 가슴속으로 깊이 빨아들인다고 상상하라. 그이의 삶에 먹구름을 드리우는 온갖

부정적인 감정까지 모두 내 가슴속으로 빨아들인다고 상상하라. 호흡을 거쳐 들어온 이 고통의 먹구름이 내 심장에 와 닿는 순간, 이 고통의 먹구름은 흔적도 없이 녹아 없어진다고 상상하라.

○ 숨을 내쉬며 내가 빨아들인 그이의 고통 대신 기쁨과 행복을 그이를 향해 내보낸다고 상상하라. 생명이 위험한 사람에겐 생명이 연장되도록, 가난한 사람에게는 물질적 필요가 충족될 수 있도록, 아픈 사람에겐 아픔이 치유되도록, 불행하고 절망감에 빠져 있는 사람에겐 기쁨과 용기가 충만하도록……. 그이의 간절한 소망이 이루어지길 진심으로 기원하면서…….

○ 다음과 같은 다섯 부류의 사람에게 연민을 느끼도록 훈련해 보라. 감사해야 할 사람, 사랑하는 사람과 친구, 중립적인 대상, 나를 힘들게 하는 사람, 그리고 마지막으로 길에서 마주친 낯선 사람에 대해서 연민의 감정을 느끼도록 하라. 더 나아가 동물이나 식물, 나아가 모든 생명체에 이르기까지 그 대상을 점차 확산해 나가 보자.

나를 힘들게 하는 이들에 대해서도 연민의 감정을 느낀다는 것은 실제로 어려운 일이다. 그러나 이 세상에 존재하는 모든 것들은 나름의 괴로움을 겪는 괴로운 존재들이라는 의미에서 본다면 존재하는 모든 것들은 고통을 받고 있는 가련한 존재에 불과하다.

모든 피조물이 지금 겪고 있는 고통이나 고통의 원인으로부터 해방되기를 바라는, 보다 따뜻하고 넉넉한 마음이 곧 자비심이다. 고통은 무지와 혼란 때문에 생기며 무지와 혼란 상태에 있는 사람은 현실을 있는 그대로 보지 못하고 왜곡된 방식으로 인식한다. 이들은 충동적인 욕구, 시기심, 증오심, 오만감 등 온갖 부정적 감정으로 얼룩져 있다. 이들은 타인의 고통을 바라볼 때 바깥으로 드러난 현상에만 관심을 가질 뿐 상대방이 처한 입장에 서서 공감을 느끼거나 연민을 가지고 바라보지 못한다. 따라서 이런 사람들은 자신의 고통이 치유될 수 없고 남의 고통 또한 치유할 수 없다.

7세기 인도의 뛰어난 불교학자 산티데바(Santideva)는 "인간이 갖고 있는 가장 어려운 문제의 하나는 행복해지는 길을 향해 나아가는 데는 등을 돌리고선 오직 자신만의 행복을 갈망하는 데 있다. 고통을 향해 미친 듯이 달려가면서도 실상에는 그 고통을 두려워한다."라고 말하였다. 그리고 "이 세상의 모든 기쁨은 다른 존재의 행복을 바라는 데서 오고, 이 세상의 모든 고통은 자신만이 행복하길 바라는 데서 온다."라고 말했다. 인간의 이기심과 탐욕, 그리고 무지가 고통의 근본 원인임을 알려주고 상대방을 먼저 배려하는 자비심이 행복으로 가는 근원임을 일깨워 주는 가르침이다.

자애심 훈련

연민이 다른 존재를 불쌍히 여기고 그들이 고통받지 않기를 바라는 측은한 마음이라면, 자애심(loving-kindness)은 "그들이 행복해지기를 바라는 따뜻하고 친절한 마음"이다. 자애심을 뜻하는 영어 단어가 곧 사랑(loving)과 친절(kindness)이 결합하여 만들어진 합성어인 것처럼, 자애심은 길을 묻는 여행자에게 친절하게 길을 안내해 주는 단순한 일에서부터 자식 사랑, 부부 사랑, 동포 사랑, 인류 사랑에 이르기까지 그 대상이 다양하다. 자애심의 발생에는 도파민과 같은 보상 물질, 세로토닌 같은 행복 물질, 옥시토신이나 엔돌핀 같은 평화와 사랑의 물질의 분비와 관련 있고, 감정을 조절하는 변연계의 활동과도 관련 있다.

자애심을 상대방이 행복해지기를 바라는 따뜻하고 친절한 마음이라고 본다면 우리는 다른 존재의 행복을 위한 소망을 여러 가지 방식으로 표현할 수 있다. 예를 들자면 "그대의 몸이 건강하고 활력이 넘치기를", "그대의 마음이 진정으로 평화로워지기를", "그대가 진정으로 편안하고 행복하기를", "그대가 바라는 직업을 얻게 되기를", "그대가 바라는 학교에 들어가기를" 등과 같은 방식으로 상대방의 행복이나 소망이 이루어지도록 빌어 줄 수 있다.

이렇게 다른 사람의 행복을 빌어 주는 자애 수련은 연민 수련과 유사하다. 연민 수련 동안 높은 활동성을 보이는 뇌 부위는 언어와 의도(의지)를 관장하는 신피질에 위치한 신경망과 변연계의 정서와 보상을 관장하는 신경망이 주로 관여한다. 자애심을 내보이기 위해서는 열린 마음과 따뜻한 마음이 요구되기 때문에 어떤 특정한 사람만을 위해서는 안 된다. 그보다는 모든 사람, 즉 은인, 친구, 대하기 어려운 사람, 나아가 자기 자신에까지도 따뜻함을 베푸는 것이 자애심이다. 따뜻한 친절감은 나 스스로에게도 즐겁고, 상대방에 대해서도 그 따뜻함을 되돌려 주는 선한 마음이기도 하다.

　　자애 수련도 명상 수련의 대상이 될 수 있다. 여러 가지 방법이 있을 수 있으나 심호흡과 함께 하는 방법을 소개한다.

○ "그대의 몸이 (숨을 들이쉬면서)
　　건강하고 활력이 넘치기를 (숨을 내쉬면서)"

○ "그대가 진정으로 (숨을 들이쉬면서)
　　평안하고 행복하기를 (숨을 내쉬면서)"

○ "그대가 바라는 (숨을 들이쉬면서)
　　직업을 얻게 되기를 (숨을 내쉬면서)"

○ 숨을 들이쉴 때보다 내쉴 때 더 길게 한다. 이때 한 구절씩 호흡과 함께 리듬감 있게 읊조려 나간다. 자애 명상을 할 때는 사랑과 친절의 감정을 마음속에 느끼면서 하는 것이 좋다.

○ 피하고 싶은 사람에게 자애심을 베풀려 할 때 어려움이 느껴지는 것은 당연하다. 처음에는 이런 사람을 대상으로 자애심을 베푸는

것이 어렵다. 따라서 처음에는 호감이 가는 사람에 대해 먼저 하고, 다음으로 중립적인 사람, 익숙해진 후 마지막으로 껄끄러운 사람을 대상으로 진행해 나가는 것이 좋다.

○ 자애 명상은 특정한 어떤 장면에서 특정한 어떤 대상을 선택하여 할 수도 있고, 언제 어디서나 대상이 선정되면 그곳에서 바로 할 수도 있다. 조용히 눈을 감거나 뜨고서 호흡과 함께 하면 좋다.

심화된 자애 명상

여러 명상 가운데 최고 수준의 명상이 바로 자애 명상이라고도 한다. 바로 앞에 소개한 것보다 심화된 자애 명상의 한 예를 들어 본다. 좀 더 심화된 자애 명상이 필요하다면, 다음 내용을 필요에 따라 적절하게 바꾸어 실천해 볼 수 있을 것이다.

○ 적당한 자세를 취한 후 1~2분간 심호흡을 하면서 이완감과 함께 각성감을 유지한다. 이렇게 평정심이 유지되어 마음이 흔들리지 않을 만큼 넉넉한 마음의 자세를 취한다.

○ 먼저 호흡을 주시하면서 지금 당신 곁에 사랑하는 사람과 함께 있다고 생각하라. 들이키는 호흡과 함께 당신의 가슴속으로 흘러 들어가는 사랑의 감정을 느껴 보라. 이 사랑의 감정을 생명력이 있는 것으로 느껴 보라. 내쉬는 호흡과 함께 당신 가슴을 통해 흘러나가는 너그럽고 넉넉한 자애심을 느껴 보라.

○ 이번에는 이 넉넉한 자애심을 다른 사람들 쪽으로 대상을 넓혀 가도록 하자. 다른 사람들이 처한 어려움이 사라지도록 마음 모아 기원해 보자. 그들이 진정으로 행복해지길 마음 모아 기원해 보자. 이 자애심이 퍼져 나가는 것을 마치 따뜻한 태양광선이 넓게 넓게 퍼져 나가는 모습에 빗대어 상상해 보자. 이 자애심이 따뜻한 햇볕처럼 멀리멀리 퍼져 나가는 것을 상상해 보라.

○ 당신의 따뜻한 자애심이 지구촌 수십억 인구의 가슴속으로 스며들어 간다고 상상하자. 당신의 자애심이 어떤 사람에게는 웃음을 주고, 어떤 사람에게서는 아픔을 거두어 주고, 또 어떤 사람에게는 기쁨을 주고, 또 어떤 사람에게는 희망의 메시지가 된다고 상상하자.

○ 당신의 따뜻한 자애심은 이 지상의 모든 살아 있는 생명체로 확산되어 나간다. 이 모든 생명체가 고통에서 벗어나 행복하기를 기원하면서, 바이러스도 박테리아도, 미생물조차도 모두모두 고통에서 벗어나 행복해지길 기원하면서…….

○ 당신이 가진 자애심이 온 우주, 온 누리에 가득하길 기원하면서…….

제2부

괴로움의
실제적
대처

: 명상 수련

제9장

호흡 명상

나의 호흡 패턴은

제1부의 곳곳에서는 괴로움의 불길을 잡기 위한 입문적 수준의 대처법을 간략하게 소개했다. 제2부에서는 괴로움, 즉 스트레스에 대한 실제적이고도 구체적인 대처법으로 명상 수련에 대해 자세하게 알아보려고 한다. 먼저 호흡 명상부터 살펴보기로 하자.

호흡하는 데는 기본적으로 두 가지 방식이 있다. 첫째는 횡격막 호흡(하복부 호흡 또는 심호흡)이라는 것이고, 두 번째는 가슴 호흡(흉부 호흡, 또는 얕은 호흡)이란 것이다. 일반적으로 우리의 호흡은 이 두 가지 방식이 서로 혼합되어 있다.

그러나 대부분의 사람들은 평소에 주로 가슴 호흡을 무의식적으로 한다. 가슴 호흡은 얕은 호흡으로 숨을 들이킬 때 가슴이 앞으로 나오고, 어깨가 위로 약간 들려 올라가는 것이 특징이다. 그러나 이런 식의 가슴 호흡은 자연스런 호흡이나 심호흡과는 정반대되는 호흡 방식으로, 이런 식으로 호흡하는 것이 습관화되면 여러 가지 질병이 발생하기 쉽다. 우리가 스트레스를 받으면 얕은 호흡을 하게 되는데, 그러면 호흡이 불규칙적이 되어 숨을 들이켜고 내쉬는 것이 불완전하게 된다. 이런 가슴 호흡 때문에 답답함을 느끼고, 불편감이 생기고, 충분하게 공기를 들이마시지 못한다는 불안감을 느끼기도 한다. 또한 숨이 차 헐떡이는 증상을 보이기도 하고, 가슴이 조여 오는 답답한 증상을 보이기도 한다.

자연에 사는 동물들의 호흡을 관찰해 보면 흥미 있는 현상을 관찰할 수 있다. 사자, 호랑이, 표범과 같은 맹수들은 아랫배로 천천히 호흡하는 것과 달리 이런 맹수들의 먹잇감으로 쫓기는 피식동물인 토끼, 쥐 등은 모두 얕고 빠른 가슴 호흡을 한다. 언제 어디에서 포식동물이 나타나 공격할지 모르기 때문에 계속 불안하고 경계심이 높아 얕은 가슴 호흡, 즉 불규칙적이고도 빠른 가슴 호흡을 하는 것이다.

우리 인간도 마음이 초조하거나 긴장될 때 얕은 가슴 호흡을 한다. 그리고 스트레스에 쫓기는 현대인의 호흡도 바로 이런 가슴 호흡 패턴에서 벗어나지 못하고 있다. 나의 호흡 패턴을 스스로 알아본다는 것은 스트레스에 대한 나 자신의 신체, 감정 또는 정신적 반응 패턴을 알아보는 것이 되므로 내가 스트레스에 영향을 받고 있는지 알아차릴 수 있게 해주는 일차적 진단 단계가 된다.

그럼 이제부터 자신의 호흡 패턴을 알아보기로 하자. 가만히 앉거나 서서 당신의 숨 쉬는 패턴을 한번 살펴보라. 들이쉬는 호흡(흡식)과 내쉬는 호흡(토식)이 이루어지는 시간이 균형 있게 잘 이루어지고 있는가? 아니면 흡식이 토식보다 더 길거나 짧은가? 숨을 한 번 들이쉴 때마다 충분한 공기를 들이마신다고 느껴지는가, 아니면 부족하다고 느껴지는가? 숨을 쉴 때 주로 아랫배가 움직이는가, 가슴이 움직이는가? 혹은 가슴과 아랫배가 동시에 움직이는가? 그밖에 어떤 특징이 느껴지는가?

우리가 한 번 숨을 쉴 때마다 폐 속으로 공기가 들어와 몸속에 산소와 에너지를 제공해 준다. 폐로 들어온 산소는 동맥으로 흐르는 혈류로 옮겨 간 후 신체를 구성하는 수많은 세포들에 골고루 전달되어 에너지가 된다. 한편 생명 활동의 부산물인 이산화탄소(탄산 가스)는 산소와는 반대로 정맥으로 흐르는 혈류를 따라 폐로 이동한 후 내쉬는 호흡을 통해 몸 밖으로 배출된다.

우리는 생명을 지탱하는 이 중요한 호흡 과정을 일반적으로 의식하지 못하고 살아간다. 물론 우리가 호흡을 주목하거나 주목하지 않거나 관계없이 호흡은 이루어지지만 만약 의식적으로 호흡을 알아차려 적절하게 조절하게 되면 매우 유익한 생리적·심리적 현상이 일어날 수 있다. 호흡에 주의를 기울이면서 마음챙겨 호흡하면 스트레스에 효과적으로 대처할 수 있고 마음과 몸의 안정과 평화를 가져올 수 있다.

자신의 호흡에 대해 알아차림하고 의식적으로 통제하면서 호흡하는 것은 마음의 평화와 신체의 이완을 일으키는 수많은 방법들 가운데 가장 핵심적이고 중요한 방법이다. 따라서 모든 종류의 명상 수련법이 바로 이 호흡 수련을 기본으로 삼는다. 그러므로 호흡 명상이 모든 명상법의 기본이며 공통이라고 할 수 있다.

횡격막 호흡 명상

마치 반구형의 덮개처럼 생긴 횡격막은 폐와 복부를 가르는 비교적 큰 근육이다. 숨을 깊이 들이쉬면 이 횡격막 근육은 수축하여 아래쪽, 즉 복부 방향으로 내려가기 때문에 폐에 산소가 더 많이 들어올 수 있도록 공간이 확장된다. 숨을 내쉴 때는 횡격막이 이완되어 위쪽, 즉 폐를 향해 움직이기 때문에 이번에는 폐에 있는 이산화탄소가 바깥으로 배출되는 데 도움을 준다. 그래서 가슴 호흡에서 횡격막 호흡으로 바뀌게 되면 가슴 호흡에 의해 제한되어 있던 호흡 양상이 확장된 호흡 양상으로 바뀔 수 있게 된다. 그래서 몸속에 더 많은 양의 산소가 유입되고, 이산화탄소의 배출량은 늘어나 몸이 정화된다.

또한 호흡 양상이 횡격막 호흡으로 바뀌게 되면 스트레스와 관련된 신체적 증후를 일으키는 불안과 긴장 등을 통제할 수 있게 된다. 중요한 스트레스 관리 방법 중의 하나가 횡격막 호흡이라는 최근의 과학적 발견은 등잔 밑이 어둡다는 속담의 진리를 새삼 느끼게 한다.

예로부터 동양 문화권에서는 횡격막 호흡을 '단전호흡'이라 불렀는데, 사실 단전이라고 하는 신체 부위는 해부학적으로는 존재하지 않는다. 그러나 동양의 전통적 호흡 수련이나 기 수련에서는 단전을 배꼽 아래 3센티미터 정도 되는 부위에서 몸 안쪽으로 3센티미터 되는 곳에 있다고 설명한다.

국선도 수련과 같은 우리나라의 전통적 마음 수련에서는 단전호흡을 수련의 핵심으로 간주한다. 국선도에서는 여러 가지 자세나 동작에 맞춰 단전호흡을 할 수 있도록 고도로 세밀하고 다양한 체계에 따라 호흡 수련을 한다. 최근 들어 수천 년 동안 마음과 몸의 수련법으로 중히 여겨 온 단전호흡의 과학적 가치에 대해 인정하고 뒷받침하는 논문들이 생리학 분야에서 발표되고 있다. 필자도 몇 년간 국선도 수련을 해본 경험이 있는데, 횡격막 호흡(단전호흡)이 심신 건강 증진에 많은 도움이 되어 주었던 것은 물론 협심증 발작으로 생사의 위기를 겪었을 때도 큰 도움을 받은 바 있다.

세계적으로 널리 알려진 베트남 출신의 시인이자 마음챙김 명상 지도자인 틱낫한(Thich Nhat Hanh) 스님은 "마음과 몸의 균형을 이루고 마음챙김과 마음집중을 하기 위해서는 호흡 수련을 학습하라."라고 강조하였다. 틱낫한 스님은 수많은 저서를 통해 앉아서도, 서서도, 걸어가면서도, 누워서도 할 수 있는 각종 호흡법을 소개하고 있다.

횡격막 호흡 명상 실습

자, 지금 편안한 자세로 등을 기대고 앉은 채 당신의 호흡 패턴을 관찰해 보십시오. 그리고 눈을 지그시 감고 한 손을 배꼽 바로 아래 부위에 살며시 올려놓으십시오. 숨을 쉴 때마다 횡격막이 움직이기 때문에 숨을 들이마실 때는 손이 위로 올라갈 것이며 숨을 내쉴 때에는 손이 아래로 내려 갈 것입니다. 호흡을 계속하면서 손이 위로 올라갔다가는 아래로 내려가는 것에 주의의 초점을 두십시오. 5분에서 10분 정도 연습해 보십시오.

이번에는 가만히 누워서 가벼운 책 한 권을 아랫배 위에 올려놓고 천천히, 깊이 숨을 들이마시고, 내쉬는 호흡을 해보십시오. 호흡과 함께 아랫배 위에 올려놓은 책이 상하로 움직이는지 주의해서 살펴보십시오. 5분에서 10분 정도 해보십시오.

바로 이렇게 아랫배로 호흡하는 것을 횡격막 호흡이라고 한다. 이 횡격막 호흡을 우리 몸의 밤낮 주기가 바뀌는 시점인 잠자기 전에 실시하거나 아침에 일어나자마자 하면 대사 활동, 신경 전달 물질, 내분비 호르몬 등의 물질이 자연스럽게 교체되어 생리학적으로 매우 효과적이다. 그러므로 잠자기 전에 하면 잠들기가 쉽고 또 숙면에 들기도 쉽고, 일어날 때는 쉽게 머리가 맑아지고 활기찬 모습을 띨 수 있게 된다. 익숙해지면 앉거나 서서, 걸으면서 등등 하루 중 언제 어느 때라도 있는 그곳에서 횡격막 호흡을 할 수 있다. 호흡 수련이 익숙해지지 않으면 다른 종류의 명상으로 진행되기가 쉽지 않으므로, 명상 초보자는 두말할 필요 없고 익숙한 사람도 호흡 수련을 중요하게 생각해야 한다.

물론 횡격막 호흡이 건강에 도움이 될까 의문이 생길 수도 있다. 하지만 분노, 공포 혹은 슬픔과 같은 극심한 정서를 경험하고 있을 때 일어나는 심리적·생리적 현상을 관찰해 보면 쉽게 이해할 수 있을 것이다. 예컨대 우리가 너무 심하게 놀라면 숨을 헐떡거린다거나 쥐 죽은 듯 숨을 멈추는 경우가 있다. 이처럼 강력한 정서 교란 상태에서는 심리적·생리적 기능이 모두 교란되어 횡격막 호흡을 방해하고, 얕게 호흡하게 한다.

이런 심한 정서 교란 상태에서 의식적으로 횡격막 호흡 쪽으로 주의를 옮기면 정서 반응의 강도를 낮출 수 있고, 보다 현명하고 능률적으로 상황에 대처할 수 있게 된다. "화내기 전에 열 번만 심호흡(횡격막 호흡)을 하라."라는 오래된 격언처럼 실제로 열 번 정도 심호흡을 하고 나면 화가 진정되는 것을 발견할 수 있을 것이다. 이처럼 횡격막 호흡은 분노, 불안, 공포, 슬픔과 같은 강력한 정서 반응의 독성을 해독시켜 주는 데 탁월한 효과가 있다.

또 한 가지 중요한 것은 호흡 알아차림과 통증 관리 사이에는 매우 밀접한 관계가 있다는 점이다. 예컨대 산모가 출산을 할 때 여러 가지 호흡법을 사용하도록 권장하는 것도 특정 호흡법이 자연 분만을 유도하고 산통을 줄이기 위한 중요 기법으로 간주되고 있기 때문이다. 이 밖에도 호흡을 알아차리고 조절하는 것은 근육통, 요통, 견비통, 두통, 생리통 등 여러 종류의 통증을 관리하는 데 효과적인 방법으로 활용되고 있다. 호흡을 통해 통증을 더욱 악화시키는 긴장과 공포를 분리시킴으로써 통각을 낮추는 것이다. 즉, 자신의 호흡에 주의의 초점을 맞춰 나감으로써 통증에 대한 감각이 둔해지기 시작하고 주의의 초점이 호흡으로 옮겨 가면서 통증은 뒷전으로 물러가게 된다.

횡격막으로 호흡할 때 미묘한 느낌을 경험하고 또 이 호흡을 통해 이점을 얻는 데까지는 오랜 시간이 걸리지 않는다. 인내심을 갖고 계속하면 머지않아 소망하는 바를 이룰 수 있다. 다양한 심신의학 프로그램을 끝낸 뒤 환자들에게 어떤 프로그램의 내용이 가장 좋았는지 그 효과에 대해 조사해 보면 호흡 명상이 가장 좋았다고 답하는 것이 공통적이다. 그러므로 호흡 훈련은 심신질병의 치유에 가장 중요한 핵심 방법이라고 할 수 있다.

마음챙김 호흡 명상

호흡하는 동안 하복부의 상승과 하강을 알아차림하는 방법에 익숙해진 다음에는 숨이 드나드는 콧구멍 주변이나 기도 주변의 감각에 주의의 초점을 두고 알아차림을 강조하는 호흡 방법을 수련하는데 이 방법을 마음챙김 호흡이라 부른다.

호흡 시 세심하게 주의하여 콧구멍 주변의 감각을 관찰하면 숨을 들이쉴 때는 공기가 약간 차갑게 느껴지고 내쉴 때는 약간 따뜻하게 느껴지는 것을 알아차림할 수 있다.

호흡이 점차 조용해지고 규칙적으로 변화하면 들이쉬는 숨이 끝나고 내쉬는 숨이 시작되는 시간 사이에 잠깐 동안 호흡이 멈추어 서는 때가 있음도 알아차림할 수 있다. 반대로 내쉬는 숨이 끝나고 들이쉬는 숨이 시작되는 사이에도 잠깐 동안 멈추는 시기가 있다는 것을 알아차림할 수 있는데, 이런 짧은 시간의 호흡 멈춤에 대해 알아차림하는 것도 큰 도움이 된다. 멈추는 동안의 알아차림이 바로 현재 이 순간의 고요한 적정감에 들게 해주기 때문이다.

수식관 호흡 명상

이번에는 수식관(數息觀)이란 호흡 명상을 연습해 보자. 수식관이란 자신의 호흡을 헤아리며 마음챙김하는 수행법을 말한다. 수식관은 호흡 명상의 가장 기본이 되는 것으로 산란한 마음을 호흡에 집중함으로써 집중력과 이완감을 키우는 데 큰 도움이 되는 방법이다. 누구나 언제 어디서나 쉽게 할 수 있는 가장 쉬운 호흡 명상법이므로, 다음 안내문에 따라 수식관 명상을 한번 연습해 보자.

수식관 호흡 명상 실습

먼저 의자나 마룻바닥에 편안한 자세로 앉으십시오. 그리고 눈을 살며시 감으십시오. 몇 번 깊고 천천히 횡격막 호흡을 하십시오.

횡격막 호흡을 계속 해가면서 이번에는 숨을 내쉴 때마다 수를 세기 시작하십시오. 처음 내쉬는 숨에 "열"부터 세기 시작해서 다음 번 내쉬는 숨은 "아홉", 그리고 그 다음은 "여덟" …… 이렇게 내쉬는 숨을 거꾸로 세어 "하나"가 될 때까지 계속하십시오.

숨을 내쉴 때 숫자를 셈하는 것과 동시에 머리에서 발가락까지 온몸의 긴장을 몸 밖으로 내려놓는다고 상상하십시오. 숨을 내쉴 때마다 긴장을 내려놓으며 점점 더 깊어져 가는 이완감을 만끽하십시오.

같은 방식으로 다시 내쉬는 숨에 "열"부터 시작하여, "아홉", "여덟" …… "하나"까지 계속하고, 또 다시 "열"부터 "하나"까지 반복하십시오. 15분 내지 20분이 경과되도록 같은 동작으로 토하는 숨을 세어 나가십시오.

위의 방법대로 수식관 호흡 명상이 잘 되면 이번에는 다음과 같은 방법으로 수식관 호흡 명상을 해보십시오. 내쉬는 숨을 "하나"부터 시작해서 "백"까지 쉬지 않고 세어 나가는 연습을 해보십시오. 셈하는 숫자를 놓쳐 버렸을 때는 처음부터 셈하기 시작하십시오. 5초 정도 숨을 들이키고 5초 정도 내쉬면서 "백"까지 계속하십시오.

일상생활 속의 호흡 명상

심호흡이 점차 더 자연스러워지면 일상생활의 각종 활동에 심호흡법을 결합시키는 것을 배우기 시작해 보자. 예를 들면 아래 열거한 여러 가지 일상생활의 활동 등에 아무 생각 없이 바로 뛰어들지 말고 적어도 서너 번 정도 심호흡을 먼저 한 후에 마음이 안정되면 활동을 시작하는 것이다.

○ 전화벨이 울렸을 때
  황급하게 바로 전화를 받지 말고, 서너 번 이상 심호흡을 하고 천천히 전화를 받는다.
○ 집을 나와 외출하려고 할 때
  심호흡을 서너 번 이상 하고 마음이 가라앉으면 챙길 것을 다 챙겼는지 살펴보고 외출한다.
○ 멈춤 신호에 걸려 대기하고 있을 때
  차를 몰고 있을 때나 횡단보도에 서서 기다리고 있을 때 몇 차례 심호흡하면서 느긋하게 진행 신호를 기다린다.
○ 식사를 하기 전
  서너 번 이상 심호흡하여 마음이 안정된 후 식사를 시작한다.
○ 새로운 과업을 시작하기 전

서너 번 심호흡하고, 새로운 일거리의 목적과 줄거리를 대충 살
펴보고 시작한다.

○ 잠자리에 들 때

여러 차례 심호흡하여 마음이 안정되면 오늘 경험한 많은 일들
가운데 좋은 경험만을 생각하면서 잠자리에 든다.

○ 잠자리에서 일어날 때

바로 일어나지 말고, 쾌적하고 아늑한 잠자리에서 2~3분간 심호
흡하고 일어난다.

○ 그 외 많은 일상 활동들

생각 없이 자동적으로 활동에 뛰어들지 말고 심호흡을 몇 번하고
상황을 살피고 난 후 시작한다.

호흡 명상은 단순해 보이지만 몸의 긴장을 알아차리는 데는 매우
유용한 방법이다. 호흡 명상을 계속하게 되면 몸의 긴장을 알아차림
하고 내려놓는 데 큰 도움이 된다. 뿐만 아니라 지치고 번잡한 일상생
활 도중에 잠깐 동안 자신의 호흡을 알아차리고 호흡 쪽으로 의식의
초점을 가져오면 주의 집중 능력이 살아나고, 현재 이 순간에 깨어 있
으면서 활력감을 느끼게 된다. 따라서 호흡 쪽으로 의식을 되돌리는
것이 바로 몸과 마음을 안정시키고 활력을 주는 양약이 되어 주는 것
이다.

17세기 인도의 명상가 카리바 에켄(Kariba Ekken)은 "만약 당신의 영혼을 편안하게 하려면 먼저 호흡을 조절하라. 호흡이 잘 조절되면 마음이 평화로워지기 때문이다. 그러나 호흡이 거칠어지면 곧 문제가 생긴다. 그러므로 어떤 일을 시도하기 전에 먼저 호흡부터 조절하라. 그러면 마음이 침착해지고 영혼이 평안해질 것이다."라고 말하였다. 좋은 가르침으로 깊이 새겨듣고 실천에 옮기도록 해야 할 것이다.

그 밖의 호흡 명상

다음은 통증 치유에 응용되는 전형적인 호흡 명상과 우주와 내가 하나로 연결되어 있음을 느끼게 하는 호흡 명상의 예이다. 여기 소개한 두 가지 호흡 명상은 하버드 의대 심신의학 연구소 공동소장인 조안 보리센코 박사가 추천하는 호흡 명상법을 약간 수정한 것이다.

통증 치유를 위한 호흡 명상

잠깐 몸을 뻗어 긴장을 풀고 온 신체를 두루 살펴보라.

눈을 감고 모든 것을 죄다 내려놓는다는 마음으로 심호흡을 몇 번 되풀이하라.

몸에 다시 주의를 기울여 보라. 편안한 신체 부위도 있고 긴장이나 통증이 느껴지는 불편한 부위도 있을 것이다.

긴장과 통증이 느껴지는 불편한 신체 부위에 먼저 주의를 모으고 불편한 그 신체 부위를 중심으로 호흡이 들어오고 나간다고 상상해 보라.

불편한 부위에서 느껴지는 감각에 관해 주의하면서 그 부위를 통해 숨이 들어가고 나간다고 계속 생각하라.

세심하게 주의를 기울이면서 거듭되는 심호흡과 함께 조금씩 다르게 느껴지는 감각의 변화를 느껴 보라.

불편한 그 부위를 통해 에너지의 드나듦을 알아차려라.

아무런 판단 없이 호흡을 계속하면서 그 부위에서 느껴지는 감각만을 알아차림하라.

느껴지는 감각들을 '좋다' 또는 '나쁘다'라고 판단하지 말고 느껴지는 그대로 바라보기만 하라. 고통이 더 심해지기도 하고, 약해지기도 하고, 또한 사라지기도 할 것이다.

고통이 심해지면 '심해졌구나' 하고 바라보고, 고통이 약해졌으면 '약해졌구나' 하고 바라보고, 고통이 없어졌으면 '없어졌구나' 하고 바라보라.

고통을 억지로 없애려 하거나 통제하려고 하지 말라.

고통이 나타났다가 변해 가다가 사라져 가는 것을 바라보라.

4~5분 동안 계속하라.

우주와 내가 하나로 연결되는 호흡 명상

바닥에 다리를 포개고 등은 똑바로 세운 채 앉아서 긴장을 빼고 이완하라.

잠깐 동안 몸을 뻗어 긴장을 풀고 편안함을 느끼도록 하라. 그리고 조용히 눈을 감아라.

한두 번 크게 숨을 내쉬어라.

그리고 아랫배에 의식을 집중한 채 숨을 들이쉴 때 아랫배가 가득하게 부풀어 오름을 느끼고, 숨을 내쉴 때는 아랫배가 홀쭉하게 줄어드는 것을 느끼도록 하라.

이완감 속에서 몸과 내가 함께 존재한다는 것을 느껴 보라.

충분하게 이완되었으면 이번에는 하늘과 땅, 그리고 나를 서로 연결하는 호흡을 해보자.

하늘과 땅으로부터 온 우주의 에너지가 나의 심장에서 서로 만나는 모습을 상상해 보라.

먼저 하늘에 있는 에너지를 호흡으로 끌어들이는 것부터 시작하자.

정수리 위 공중에 있는 무한한 하늘의 에너지를 상상해 보라.

호흡을 들이마실 때 정수리를 거쳐 하늘의 에너지가 나의 심장까지 쏟아져 들어온다고 상상하라. 호흡을 내쉴 때는 내 심장으로부터 정수리를 통해 하늘 끝까지 에너지가 퍼져 나간다고 상상하라.

하늘 에너지를 들이키고 품어 내는 호흡을 몇 번 반복하라.

이번에는 땅의 에너지를 호흡해 보자. 발밑에 있는 땅의 에너지를 상상해 보라.

호흡을 들이마실 때 땅의 에너지가 발바닥으로 들어와 나의 심장까지 이른다고 생각하라.

숨을 내쉴 때는 나의 심장으로부터 발바닥을 통해 땅 끝까지 퍼져 나간다고 생각하라.

몇 번 땅의 에너지를 들이키고 내쉬는 호흡을 반복하라.

이번에는 하늘과 땅을 서로 연결하는 호흡을 해보자.

숨을 깊이 들이마실 때 하늘 에너지와 땅 에너지가 동시에 몸속으로 들어와 심장에서 서로 만난다고 상상하라.

숨을 내쉴 때는 이 에너지가 내 심장으로부터 하늘과 땅 속으로 되돌아간다고 상상하라.

편안함을 느낄 때까지 이 호흡을 되풀이하라.

마음과 몸이 편안해졌다면 이제 눈을 뜨고 대자연을 바라보라.

자연스럽게 호흡을 계속하면서 하늘과 땅을 살펴보라. 우주와 내가 하나로 연결된 모습이 보이지 않는가?

지극히 평화로워진 존재를 느끼면서 이 우주와 내가 하나가 되었음을 축하하라.

10~15분 계속하라.

제10장

만트라 명상
(이완 반응)

몸과 마음을 이완하기

이 장에서는 마음과 몸의 평화를 야기하는 집중 명상의 대표적 예로 만트라(mantra) 명상을 다룬다.

만트라란 "자신의 몸을 보호하고 타인에게는 은혜와 축복을 주고, 깨달음의 지혜를 얻기 위해 외우는 신비한 위력을 가진 말"이라는 뜻의 산스크리트어인데, 이를 한자로는 "진언(眞言)" 또는 "다라니(陀羅尼)"라고 한다. 그래서 불교에서는 만트라 수행을 진언 수행, 또는 다라니 수행이라 부르기도 한다.

만트라 명상을 통해 몸과 마음의 안정과 평화, 다시 말해 심신에 긴장 반응 대신 이완 반응을 일으키기 위해서는 다음과 같은 두 가지 요소가 필요하다.

첫째, 우리의 마음은 끊임없이 흔들리기 때문에 마음의 멈춤이나 집중을 지속하기 위해 어떤 특정한 초점 대상이 필요하다. 예컨대 선불교에서 특정한 화두를 선정해서 이에 마음을 집중하고, 몰두한다든지, 기공 수련에서 자신의 호흡(단전호흡)을 집중 관찰하는 것은 흔들리는 마음을 어느 한곳에 집중하여 머물게 하기 위함이다. 마찬가지로 만트라 명상은 특정한 구절이나 기도문, 특정한 소리를 반복적으로 읊조림으로써 자신의 마음을 한곳에 묶어 두어 잡동사니 생각이나 걱정거리 쪽으로 주의를 빼앗기지 않도록 한다.

두 번째는 생각을 산란하게 하는 것에 대해 수동적인 태도를 취하는 것이다. 이것은 주의의 초점 대상으로 삼은 것에 집중을 잘하려고 지나치게 애쓰는 것이 아니라 자신의 주의가 초점 대상에서 벗어나 잡념이나 공상에 빠져들고 있다는 것을 알아차림한 후에는 주의의 초점으로 삼은 대상, 즉 만트라 쪽으로 부드럽게 되돌아가도록 하는 수동적인 태도를 말한다.

만트라 명상(이완 반응) 실습

심신에 이완 반응을 일으키기 위해서는 아래 언급하고 있는 여덟 가지 요건을 잘 갖추어야 한다.

1. **주의의 초점이 될 특정한 만트라 하나를 먼저 선택한다.**
    만트라는 자신의 신념 체계(자신의 종교적 믿음이나 철학)와 잘 부합

되는 단어나 구절을 선택하는 것이 이상적이다. 예컨대 가톨릭 신자라면 "은총이 가득하신 마리아님", 개신교 신자라면 "여호와는 나의 목자이시니", 불교 신자라면 "관세음보살"과 같은 특정 구절을 만트라로 선택할 수 있을 것이다. 어떤 종교도 믿지 않는 사람은 "하나", "사랑", "평화"와 같은 단어를 선택하거나 "옴(om)"과 같은 전통적인 만트라를 선택할 수 있다.

2. 편안한 자세를 취해 조용히 앉는다.

   가부좌나 반가부좌 같은 어려운 자세를 무리하게 취할 필요는 없다. 다만 생각을 방해하지 않을 정도로 편안한 자세를 취해 앉도록 한다. 방석 위에 앉아서 할 수도 있고, 의자에 걸터앉아서 할 수도 있지만, 어느 때든 등을 수직으로 바로 세우고 하는 것이 이상적이다. 버스나 전철 등을 타고 가는 동안 할 수도 있지만 가능하면 방해받지 않는 조용한 곳에서 하는 것이 좋다.

3. 눈을 감는다.

   자연스럽게 눈을 감는다. 눈을 감는 데 힘을 들여서는 안 된다. 눈을 감는 것은 외부의 시각적 자극에 방해를 받지 않기 위해서인데, 눈을 감으면 마음의 안정이 쉽게 이루어진다.

4. 근육을 이완한다.

   온몸에 있는 근육의 긴장을 이완한다. 어깨를 부드럽게 좌우로 돌리거나, 상하로 오르내리면서 힘을 뺀다. 두 팔을 들어 올렸다가 아래로 힘없이 떨어뜨리는 동작을 몇 번 반복한 뒤 자연스럽게 무릎 위에 손을 올려놓는다. 이때 손등은 위로 가게 하는 것이 좋다.

5. 천천히, 그리고 자연스럽게 호흡한다. 숨을 내쉴 때마다 앞에서 선택한 단어나 구절, 즉 만트라를 반복하여 읊조린다.

예를 들어 선택한 만트라가 "관세음보살"이라면 천천히 숨을 들이쉬었다가 내쉬면서, 내쉬는 호흡과 함께 마음속으로 "관…세…음…보…살…." 하고 읊조린다. 만트라를 선택할 때는 숨을 한 번 내뱉는 동안 읊조릴 수 있을 정도의 길이로 정하는 것이 좋다.

6. 수동적인 자세를 견지한다.

고요히 앉아서 만트라를 읊조릴 때 잡념이나 공상이 일어날 수도 있다. 잡념이 일어나면 "잡념이 일어나도 괜찮아."라고 스스로에게 말하고 만트라의 읊조림 쪽으로 되돌아오면 된다. 다시 말해 잡념을 없애려고 적극적으로 애쓰는 태도를 취하지 말고, 부드럽게 만트라의 읊조림으로 되돌아오는 수동적 태도를 취해야 한다. 비록 잡념들이 일어나더라도 잡념 속으로 빨려 들어가지 말고 오직 "잡념이 생겼구나." 하고 알아차림한 후 부드럽게 만트라 암송으로 되돌아가기만 하면 된다.

7. 한 번에 20분 정도 한다.

한 번에 20분 정도가 가장 좋다. 20분 이상 하면 지루한 감을 느끼고 졸리는 경우가 있다.

8. 하루 두번 정도 실천한다.
    만트라 명상은 이완 반응을 일으킨다. 보통 아침 식사 전 새벽이나 잠자기 전 밤에 하는 것이 좋다. 식사 직후에는 하지 않는 것이 좋고, 식사한 지 2시간 정도가 지난 후에 하는 것이 소화에 도움이 된다.

만트라 명상 중 잡념 다루기

우리의 마음은 심하게 요동치기 때문에 어느 한곳에 초점을 잡고 머물러 있기가 매우 힘들다. 쉽사리 동요하는 마음이 바로 보통 사람들의 마음이면서, 괴로움의 원인이 된다. 따라서 마음의 동요 상태를 안정 상태로 바꾸는 것이 마음 수련을 하는 기본 목적이다.

그럼 이제부터 마음의 동요를 직접 알아보기 위해 간단한 명상을 해보자.

우선 똑바로 자리 잡고 앉아서 온몸에서 긴장을 내려놓고 두 손을 무릎 위에 편안하게 둔다. 그리고 1~2분 동안 눈을 감고 마음속에 어떤 일이 일어나고 있는지 한번 살펴본다. 당신의 마음이 지금 어디에 가 있는가? 과거로 갔다가 미래를 향해 달려 가지는 않는가? 어떤 종류의 생각이 마음속에 떠돌아다니는가? 불안과 긴장을 일으키게 하는 "골치 아픈 어떤 생각"이 떠오르지 않는가? 아니면 편안하면서 이완시키는 "그 어떤 유쾌한 생각"이 떠오르지 않는가? 수시로 나타났다 변해 가다 사라지는 감정이나 생각을 아무런 비판이나 판단 없이 그냥 바라보기만 하라. 이렇게 4~5분 동안을 계속해 보라.

이러한 과정을 통해 당신은 명상을 하고 있는 동안 당신의 마음이 대단히 번거롭게 동요하고 활동적이라는 것을 알 수 있게 될 것이다. 그러나 이런 복잡한 감정이나 생각에 대해 일일이 관심을 갖고 반응하지 않도록 하기 위한 몇 가지 특별한 방법이 있다. 먼저 당신의 마음, 즉 당신의 생각이나 느낌, 또는 감각이 불현듯이 떠올랐다가 금방 사라지는 것을 관찰하는 "내 마음의 변화를 살피는 관찰자" 혹은 "내 마음의 변화를 목격하는 목격자"란 관찰자의 입장이 되어 보자.

내 마음이 외부의 자극이나 마음속의 생각, 감정 또는 욕구에 의해 흔들린다는 것을 알게 되었을 때(목격했을 때) 즉각 초점으로 삼고 있는 만트라 쪽으로 되돌아가도록 하라. 또한 명상을 하는 동안 어떤 현상이 일어나더라도 그 현상을 거부하거나 억압하지 말고 있는 그대로 받아들이는 수용적 태도를 취하라. 또는 어떤 특정한 생각 하나를 선정하여 그 생각에만 마음을 모아 가도록 하라. 이렇게 하면 그 생각의 발상, 변천, 그리고 소멸과 같은 생각의 전개 과정을 스스로 살펴볼 수 있게 될 것이다. 즉, 어떤 생각이 불현듯 머릿속에 떠올랐다면 그 생각이 변화되어 가다가 소멸해 버리는 과정을 살필 수 있다.

이처럼 온갖 종류의 생각이나 감정이 끊임없이 이어지는 게 바로 우리의 마음이다. 좋은 생각, 나쁜 생각, 욕심, 미움, 옳다는 생각, 틀리다는 생각 등, 끝없이 생각이 이어지는 게 우리들의 마음이고, 이 마음의 전개가 곧 괴로움의 원천이다. 이러한 생각에 빠져 들어가 옳고 그름을 시비하고 분별하는 것은 바로 마음에 괴로움을 덧붙이고 되풀이하는 것이므로, 마음의 흔들림을 느낄 때마다 만트라와 같은 어떤 특정 대상으로 돌아가 그곳에 안착시켜 놓으면 괴로움은 저절로 사라질 수밖에 없다.

명상 수련을 하면 자신의 마음을 애타게 하는 생각이 실제가 아니라 한갓 허상에 불과하다는 것을 스스로 관찰하여 알 수 있다. 그리고 어떤 것이 실제 현실이며, 또 어떤 것이 단순한 상상에 불과한 것인지를 구분할 수 있게 된다.

우리는 영화 속에서 일어나는 장면이 실제로 나에게 일어난 것처럼 공포나 분노 또는 슬픔을 느끼며 흥분할 때가 있다. 그러나 영화 속 장면은 스크린 위에 투영되어 나타난 한갓 영상에 불과할 뿐, 실제가 아니다. 그래서 스스로 "이 장면은 사실이 아니라 단지 지어낸 것일 뿐이야. 환상에서 깨어나야지." 하고 생각한다. 자동적으로 작동하는 부정적인 생각의 악순환을 끊어 버리는 한 방법으로 이와 마찬가지인 방법을 써 보라. 자기 스스로에게 "그런 생각은 실제가 아니니 이제 그만."이라고 말한 후, 심호흡을 하고 제자리로 돌아와 보라. 그런 후 성가시게 하는 생각에 대해 "그 생각은 단지 상상일 뿐"이라고 힘주어 말하면 그 상상을 쉽게 내려놓을 수 있게 된다.

이처럼 성가시거나 괴로운 생각에 시달리고 있다는 것을 알아차리는 순간, 그 생각에 대해 "단지 환상으로 인한 걱정거리일 뿐"이라고 말하고 만트라로 의식을 되돌려라. 간단하지만 매우 효과적인 이 방법을 사용하면 마음의 동요에서 벗어나 안정을 되찾을 수 있다.

자신의 마음을 판단하지 않고 있는 그대로 관찰한다는 것이 부정적인 사고나 감정의 악순환 고리를 깨뜨리는 데 큰 도움이 될 수 있다. 이렇게 자기 마음의 움직임을 스스로 목격(관찰)하는 것은 골치 아픈 생각을 내려놓을 수 있는 효과적인 방법이다.

효과적으로 만트라 명상을 하기 위한 지침

언제 하는 게 좋은가? 만트라 명상은 하루가 시작되는 새벽녘과 취침 전 밤에 하는 것이 좋다. 정기적으로 만트라 명상을 할 수 있는 충분한 시간이 없다면 단 몇 분만이라도 할애해서 해보라. 위대한 명상가인 간디는 "명상은 아침을 여는 열쇠이며, 저녁을 닫는 걸쇠다."라고 말했다.

어디에서? 가능하면 조용한 장소를 정해서 하라. 안정감이 느껴지는 장소가 가장 이상적이다. 매일 일정한 장소에서 하라.

어떤 자세로? 편안함을 느끼게 할 수 있다면 어떤 자세도 좋다. 방석을 깔고 앉아서 할 수도 있고 등받이가 있는 의자에 앉아서 할 수도 있다. 그밖에 무릎을 꿇고 앉아서 할 수도 있을 것이고 맨바닥에 앉아서 할 수도 있다. 스스로 최적의 자세를 찾아서 하면 된다. 다만 등을 똑바로 펴고 머리와 척추가 일직선이 되게 하면 더욱 이상적이다.

얼마나 오래 해야 하나? 이상적인 시간은 한 번에 20분 정도, 하루 한두 차례 하는 것이 좋다. 이때 얼마나 성실하게 하느냐가 가장 중요하다. 하루 일과를 행하는 짬짬이 만트라 명상을 하여 삶의 일부가 되도록 하라.

만트라 명상의 핵심 사항

만트라 명상을 할 때 대부분의 사람이 어떻게 해야 마음을 한곳에 집중할 수 있는지를 가장 어려워 한다. 모든 사람들은 단 몇 초간이라도 자신의 생각을 임의로 통제할 수 있기를 바라지만 실제로는 그렇게 하기가 쉽지 않기 때문이다. 그러나 다행히도 마음을 어느 한곳에 효과적으로 모으게 하는 방법이 있다. 그리고 이런 방법들이 갖는 공통점은 자신의 호흡을 알아차림하는 내용이 공통적으로 포함되어 있다는 점이다.

● 호흡을 알아차림하기

이미 앞장에서 살펴본 것처럼 호흡 명상을 통해 이완 반응을 일으키는 것이 가장 쉬우면서도 결정적이다. 먼저 몇 번 깊게 심호흡을 하여 주의가 내면 세계로 돌아오면 그 다음에는 자연스러운 리듬에 맞추어 호흡한다.

　호흡을 할 때 긴장이나 불안을 느끼게 되면 들이쉬는 호흡보다 내쉬는 호흡을 좀 더 길게 천천히 하는 것이 좋다. 호흡이 점차 느려지고 깊어지면 이완 반응이 자연스레 일어난다. 때때로 호흡이 순간적으로 멈추어 서는 것처럼 느껴질 수도 있는데 매우 좋은 현상이다. 틱낫한 스님은 『마음챙김 명상의 기적(Miracle of Mindfulness)』이라는 책에서 "호흡은 몸으로부터 마음으로 연결하는 교량이다. …… 호흡은 몸과 마음 양자를 하나로 연결시킨다. 이 둘이 하나가 되는 것이 몸과 마음의 내면을 비춰 주고, 평화와 안정을 가져다주는 것이다."라고 언급했다.

● 만트라를 활용하기

　마음을 초점화하는 데 가장 보편적인 방법은 자신의 호흡과 마음을 서로 연결하는 것이다. 다시 말해 호흡 자체에 마음을 집중한다거나 호흡과 만트라를 서로 연결하는 것이다. 마음이 어느 한곳에 초점을 두어 안정되면 부정적인 생각이나 불안과 같은 것이 깃들 수 없다. 이때 만트라를 암송하면 흔들리는 마음을 안정시켜 주는 닻의 역할을 해준다. 따라서 만트라를 어떤 것으로 선택하느냐 하는 것은 매우 중요한 일이며, 이때 개인적인 신념에 맞는 만트라를 선택하면 그 효과가 극대화된다. 벤슨은 이를 신념 효과(faith factor)라 부르면서 이완을 야기하는 데 특별한 효과를 지닌다고 말한다. 즉, 자신이 선택한 만트라가 자신의 종교적, 혹은 철학적 신념에 부합되는 특별한 의미를 갖는 경우 명상의 효과는 더욱 커질 뿐만 아니라 이완 반응 속으로 더 깊이 빠져들 수 있게 되는 것이다. 반면 어떤 사람들은 자신의 신념과 만트라를 연결시키는 것을 싫어하여 보다 중립적인 단어나 구절을 선택하기도 한다. 그러나 어떤 경우이든 만트라는 명상의 열쇠이고, 이완 반응을 일으키는 핵심이다.

벤슨 박사는 어떤 종교나 철학적 전통을 따르는 사람이라 하더라도 자신에게 알맞은 만트라를 찾을 수 있다고 하였다. 그러면서 다음과 같이 만트라로 사용할 만한 여러 가지 다양한 초점 단어나 구절을 추천했는데 그중 자신의 신념 체계에 알맞은 것을 선택하면 도움이 될 것이다. 단, 만트라는 한 번 내쉬는 호흡에 따라 읊조릴 수 있을 만큼 너무 길지 않아야 한다.

벤슨 박사가 추천한 만트라의 예

○ 가톨릭교

"은혜의 예수 그리스도", "하늘에 계신 우리 아버지", "이름을 거룩히 여기시며", "은총이 가득하신 마리아님", "믿음과 사랑 안에 하나 되소서"

○ 개신교

"여호와는 나의 목자이시니", "나는 길이요, 진리요, 생명이니", "하나님이 우리를 사랑하사"

○ 유태교

평화라는 뜻의 히브리어 "샬롬", 하나라는 뜻의 히브리어 "에코드", "네 이웃을 사랑하라"

○ 이슬람교

신을 의미하는 "알라", "네 주는 놀라운 분이시니", "아흐둠, 알라는 위대하시니"

○ 불교

"관세음보살", "나무아미타불", 각종 진언들: "옴마니밧메훔", 불경의 한 구절: "오온개공", "색즉시공" 등

○ 종교를 믿지 않는 사람

"하나", "이완", "평화", "태양", "사랑", "고요", "내려놓아라(let it be)"

___ 불교의 경우는 저자가 임의로 선정.

이완된 자세를 유지한 채 만트라를 내쉬는 호흡에 맞추어 천천히 읊조린다. 단어가 하나, 혹은 둘 정도로 간단할 때엔 내쉬는 호흡에 맞추기만 하면 되지만 여러 개의 단어로 된 긴 만트라인 경우에는 일부 구절은 들이쉬는 호흡과 함께 읊조리고 나머지 구절은 내쉬는 호흡과 함께 읊조리도록 한다. 예를 들어 「시편」 23장의 "여호와는 나의 목자이시니"를 만트라로 선택하였다면 들이쉬는 호흡과 함께 '여호와는'

하고 읊조리고 내쉬는 호흡과 함께 '나의 목자이시니' 하고 읊조리면 되고, '관세음보살'을 선택했다면 '관세음…' 하고 들이마시고 '보… 살…' 하고 내쉬면서 읊조리면 된다.

마음이 안정되면 만트라를 계속 의식하면서 읊조리는 것이 어려워진다. 자신의 마음이 잡념에 사로잡혀 표류하고 있다는 것을 알아차렸을 때는 '잡념이 생겨도 괜찮아'라고 스스로에게 말한 후 호흡으로 되돌아가서 잠깐 잊어 버렸던 만트라를 다시 읊조리면 된다. 이처럼 만트라를 놓치고 잡념에 빠져드는 것은 누구나 다 경험하는 지극히 자연스런 현상이다. 이러한 마음의 동요는 끊임없이 반복되는 것이므로 이럴 때마다 '괜찮아' 하고 스스로를 위로하고 만트라를 읊조리는 데로 되돌아가면 된다.

명상 수련을 계속하면 명상하는 동안 자신이 경험하고 있는 내용을 알아차리는 태도가 길러진다. 그리고 알아차림의 태도가 길러짐에 따라 알아차림의 질 또한 계발되어 일상생활 속에서 부딪히는 문제들을 보다 쉽게 처리할 수 있는 능력이 길러진다.

만트라 명상의 예

먼저 초점이 될 만트라를 자신의 신념에 맞추어 선정한 후, 내쉬는 호흡에 맞추어 만트라를 반복적으로 읊조려 본다.

명상을 하는 도중 잡념 또는 공상이 스며들면(피할 수 없는 지극히 자연적인 현상이다), 지금 이 순간 내가 공상하고 있다는 것을 알아차림하고 조용히 만트라 쪽으로 돌아온다.

명상을 오래 지속하면 생각이나 만트라에 대한 알아차림조차 잊어 버리는 수가 있다. 이때 마음은 지극히 고요한 경지를 경험하게 되는데 그런 적정의 경지가 나타나면 그 상태를 즐겨라.

이때는 만트라 쪽으로 일부러 되돌아 갈 필요는 없다. 오직 고요한 적정의 경지에 그대로 머물고 있는 것이 최상의 상태이므로, 이 적정의 상태를 만끽하라.

명상을 하는 데 있어 특별히 '좋은', 또는 '나쁜' 명상이란 없으며 전형적인 '표준 명상'이란 기준도 없다. 오랜 기간 동안 명상을 수련한 사람들조차 명상을 할 때마다 약간씩 다른 느낌을 받는다. 사람에 따라 어떤 명상이 다른 명상보다 더 이완된 느낌을 줄 수 있고, 똑같은 유형의 명상이라도 어떤 때는 다른 때보다 더 이완되는 느낌을 받거나 마음의 동요가 더 심해질 수도 있다.

그러나 무엇보다 중요한 것은 마음이 흔들릴 때마다 흔들리고 있다는 것을 "알아차리고" 만트라로 되돌아오는 일이다. 마음이 흔들릴 때는 마음을 흔들어 대는 생각, 느낌, 자극 등에 끌려가지 말고 만트라로 부드럽게 돌아가면 된다. 이렇게 끊임없이 흔들리는 자신의 마음을 살피고 만트라로 되돌아갈 수 있는 능력이 커져 나가면 불안으로

부터 보다 평화로워지고 통제 불능의 마음 상태에서 조절 가능한 마음 상태로 바뀌어 간다. 이것이 바로 만트라 명상이라 부르는 집중 명상의 효과이다.

약식 이완 반응 명상

일단 만트라 명상을 통해 이완 반응을 일으키는 데 익숙해지고 나면 스트레스도 줄어들고 불안도 줄어드는 것을 느낄 수 있게 될 것이다. 명상이 끝난 뒤에도 상당한 시간 동안 마음과 몸이 한결 차분해짐을 느끼게 될 것이며 이런 기분이 온종일 계속되어 심신건강이 증진된다. 그러나 일상생활 속에서 귀찮은 스트레스 사건들, 흔히 말하는 '열 받는' 사건들은 계속해서 일어나기 마련이다. 이럴 때 적절한 대처 방법은 무엇일까? 예컨대,

○ 시간은 분초를 다툴 정도로 급한데 신호등이 붉은색으로 바뀌었을 때
○ 병원의 대기실에서 진료받기 위해 초조하게 기다리고 있을 때
○ '지금 당장 오라'는 상사의 호출, 명령을 받았을 때
○ 배우자가 내가 열심히 이야기하는 것을 귀담아 들어 주지 않을 때
○ 중요한 고객에게 어려운 전화를 걸어야 할 때
○ 긴 줄 끝에 서서 차례를 기다리고 있을 때

○ 만나기로 한 사람이 약속 시간을 지키지 않아 기다리고 있을 때 등등.

　이 밖에도 귀찮고 열 받는 사건들은 일상생활 중에 열거하기 힘들 정도로 많이 일어난다. 그리고 이러한 귀찮은 사건들이 바로 자잘한 스트레스 상황들이다. 이럴 때 단 몇 번 심호흡을 하거나 만트라 명상을 통해 이완 반응을 일으키면 큰 도움이 된다.

　몇 번의 횡격막 호흡이나 만트라의 읊조림과 같은 간편한 이완 반응은 일상 속에서 발생하는 스트레스 사태에 잘 적응하도록 돕고 건강을 유지하는 데 대단히 유용한 방법이다. 또한 '약식 이완 반응 명상'은 우리의 마음을 한껏 새롭게 해줄 뿐만 아니라 몸에 힘을 실어 주기도 한다. 다시 말해 주의 집중력을 높여 주고, 오감을 신선하게 느끼게 해주어 삶이 더욱 싱싱해지고, 남과 잘 어울리게 해주어 인간관계도 좋게 해준다.

　약식 이완 반응 명상법에는 어떤 것이 있는지, 앞서 본 호흡 명상과 함께 몇 가지 방법을 살펴보기로 하자.

○ **첫 번째 방법**: 깊이 숨을 들이마신 후(횡격막 호흡) 그런 상태로 몇 초간 참고 있는다. 이어서 매우 천천히 숨을 내쉬면서 만트라를 읊조린다. 이것은 전형적인 이완 반응을 야기하는 만트라 명상이다. 몇 번 되풀이하라.

○ **두 번째 방법**: 오른쪽 손을 배꼽 바로 아래(단전이라 부르는 곳)에 내

려놓아라. 숨을 들이킬 때 손이 위로 올라가고 숨을 내쉴 때 손이 아래로 내려가는가를 살펴보라. 들이킬 때 "열" 하고 세고 이어 숨을 토한 후 다음 들이킬 때 "아홉" 하고 센 다음 숨을 토한다. 이 것이 바로 약식 수식관 명상이다.

○ **세 번째 방법**: 두 번째 방법에서 한 것처럼 손을 단전 부위에 얹고 나서 숨을 들이킬 때 "하나, 둘, 셋, 넷"까지 천천히 센다. 숨을 토할 때는 거꾸로 "넷, 셋, 둘, 하나" 하고 천천히 센다. 이것 또한 수식관을 응용한 약식 이완 반응법의 하나이다.

○ **네 번째 방법**: 이번에는 숨을 들이킬 때 '코'로 들이마시고 토할 때는 '입'으로 내쉰다. 이런 호흡을 열 번 되풀이한다. 그러면서 숨을 들이킬 때 콧속으로 들어오는 공기가 얼마나 차며, 내쉴 때 공기가 얼마나 따뜻한가 온도 차이를 느껴 본다.

약식 만트라 명상법이나 이완 반응 명상법은 병원에서 검사나 치료를 받을 때 등 매우 불안한 때에 활용하면 불안과 통증을 다루는 데 탁월한 효과가 있다. 다시 말해 이러한 의료 현장에서 약식 만트라 명상법을 실천하면 불안과 신체적 통증이 유의미하게 감소된다는 것이다. 예컨대 치과 대기실에서 순서를 기다리고 있을 때, 또는 치료용 의자에 앉아 대기하고 있을 때 횡격막 호흡을 한다거나 호흡을 거꾸로 세는 수식관 호흡을 한다거나 만트라를 읊조리는 등의 약식 이완 호흡 명상을 하면 시술로 인한 불안을 누그러뜨리는 데 도움이 된다. 뿐만 아니라 주사를 맞는다거나 수술을 받는 도중 만트라 호흡을 계속하면 불안뿐만 아니라 통증을 관리하는 데도 큰 도움이 된다. 필자도 수술을 할 때나 컴퓨터 단층촬영(CT) 또는 자기공명 영상(MRI) 촬영과 같은 의료 현장에서 만트라 명상을 활용하여 도움을 받은 적이 여러 번 있다.

또한 학생들이 각종 큰 시험을 앞두고 불안해 할 때, 시험 치기 직전 1~2분 정도 호흡 명상이나 만트라 명상을 하면 마음과 몸이 안정되어 큰 도움을 받을 수 있다. 불안이 높아지면 수행 능력이 상대적으로 감소되기 때문에 호흡 명상을 통한 불안 관리는 아무리 강조해도 지나치지 않다.

제11장

마음챙김
명상
(MBSR)

마음챙김 명상이란

마음챙김(mindfulness)이란 초기불교의 마음 수행 전통에서 유래한 명상 수련법의 하나이다. 이 마음 수련법은 미얀마나 스리랑카 등지에서 위빠사나(vipassanā) 수행이란 이름으로 오래전부터 전해져 오고 있지만 오늘날 미국, 영국, 캐나다, 프랑스, 독일 등의 서구 국가들에서는 만성질환의 치료와 스트레스 피해의 예방을 목적으로 많이 응용하고 있다. 이 책에서는 바로 이런 스트레스 관리를 강조한 마음챙김 명상법을 중심으로 기술한다.

　　"마음챙김에 기반을 둔 스트레스 감소(Mindfulness Based Stress Reduction, MBSR)"라는 명상 프로그램을 개발하여 의료에 활용할 수 있는 초석을 쌓은 매사추세츠 대학교 의료원의 존 카밧진(Jon Kabat-Zinn) 교수는 마음챙김을 "현재 순간 일어나고 있는 경험에 대해 어떤 판단도 하지 않은 채 의도적으로 주의를 집중하는 것"이라고 정의한다. 따라서 마음챙김이란 "지금 이 순간 여기에서 일어나는 경험에 대해 호기심과 관심을 갖고 열린 마음으로 살피고 받아들이는 것"이라고 정의할 수 있겠다. 다시 말하면 "지금[今], 여기에서[處], 일어나고 있는 경험에 대해 깨어 있는 마음[心]으로 바라보는 것[觀]"인데, 이 말을 한자로 묶으면 염처관(念處觀)이 되고, 명상 전통에서는 이를 염처(念處) 명상이라고 부른다.

마음챙김 명상 수련은 궁극적으로 삶의 괴로움[苦]에서 벗어나 행복한 세계로 가는 수행의 핵심이다. 이 수행법은 알아차림, 통찰, 직관과 같은 지혜를 기르며, 평정심과 같은 흔들리지 않는 평화로운 마음과 자애, 자비심과 같은 따뜻한 마음을 기르기 위한 것이다.

MBSR 프로그램은 1990년 공식적으로 미국 매사추세츠 대학교 의료원에서 임상 프로그램으로 등장했다. 1990년대 말부터 의료보험이 적용되었고, 2000년대 초반 이미 미국의 중요 의료원 200여 곳에서 행동의학 프로그램으로 채택되었다. 오늘날 미국 심리학이나 정신의학에서는 마음챙김, 또는 마음챙김에 바탕을 둔 수용 전념 치료가 '인지 행동 치료의 제3물결'이라 불리며 크게 유행하고 있다. 미국 정신치료사의 과반수 이상이 마음챙김 명상을 임상에 활용하고 있고, 2015년의 경우에는 미국에서만 900여 곳에서 MBSR이 임상에 활용되고 있다고 한다.

마음챙김에 기반을 둔 치료법들의 공통점은 모두 "알아차림(awareness)"을 중요시한다는 것이다. 다시 말해 "지금 여기에서(here and now)"일어나고 있는 일에 마음을 챙겨 알아차리는 훈련을 강조한다는 것이다. 마음챙김 수련 방법에는 여러 종류가 있는데 크게 공식적인 것과 비공식적인 것으로 구별한다.

먼저 공식 수련이라 함은 매일 일정한 시간을 마련하여 미리 계획된 표준 수행 방식에 따라 수행하는 몸 살피기(body scan), 정좌 명상, 하타 요가와 같은 것이다.

한편 비공식 수련은 호흡할 때, 걸어갈 때, 남과 대화할 때, 또는 무엇을 먹을 때와 같이 일상생활 속에서 어떤 특정한 행동을 할 때 그 행동 하나하나의 움직임이나 과정, 그리고 감각이나 느낌에 대해 마음챙김하여 알아차림해 나가는 명상을 말한다. 이때 수련자들은 그들의 주의가 공상이나 과거의 기억 또는 미래의 계획들에 자동적으로 빠져들어 방황하고 있다는 것을 알아차림한 후, 지금 여기서 행하고 있는 대상 쪽으로 주의를 되돌리도록 주의한다.

예컨대 가만히 앉아서 명상을 할 때 신체의 어떤 부위에서 어떤 감각이 느껴지거나 마음속에 어떤 특별한 감정이나 생각이 일어나게 되면 그런 것이 일어났음을 알아차림하면서 그것에 휘둘려 가지 않는다. 다만 그런 것들이 생겨서 변화해 가고, 또 사라져 가는 것을 나타나는 그대로 살펴보는 것이다. 수련자들은 관찰한 경험에 대해 어떤 평가나 판단을 하지 말아야 하고, 또 그것을 무시하거나 의도적으로 변화시키려 해서도 안 된다. 다시 말해 관찰한 것들을 합리화시키려고 하거나, 불합리하게 보려고 하거나, 침소봉대하려 하거나, 원치 않는 것을 배제하려고 하거나, 불쾌한 감각이나 감정을 감소시키려 해서도 안 된다. 오직 느껴지는 대로의 감각이나 감정, 생각이 자연스레 나타나 변화되어 가다가 사라져 가는 현상을 바라보기만 하면 된다.

마음챙김 명상은 호흡 명상이나 만트라 명상처럼 어떤 특정한 대상에 계속하여 주의를 집중하는 것을 강조하는 집중 명상과는 다르다. 마음챙김 명상은 자기 자신의 주의가 흔들린다거나 공상을 하고 있다거나 느껴지는 감각, 생각, 또는 감정이 변화되는 현상 그 자체가 바로 관찰의 주된 대상이다.

물론 마음챙김 명상을 할 때에도 마음집중(samatha, 止)에 바탕을 두는 집중 명상부터 시작하는 경우가 많다. 예컨대 수행자가 호흡할 때 콧구멍에서 느껴지는 온도, 감각이나 횡격막의 상하 운동과 같은 특정한 호흡 운동에 먼저 주의의 초점을 둔다거나, 여기를 떠나 다른 곳에 가 방황하고 있다는 것을 알아차림했을 때 호흡 감각으로 주의의 초점을 되돌리는 집중 명상을 통해 일단 마음을 모은 후에 점차 마음챙김 명상으로 확산해 나가기도 한다.

다시 말해 마음챙김 명상은 시간이 지나면서 자연스럽게 일어나는 감각, 감정, 욕망, 생각, 기억, 환상들의 출현과 변화, 그리고 흐름을 있는 그대로 관찰하는 것을 강조한다. 즉, 수행자는 명상 중에 일어나는 다양한 현상들에 대해 상대적 가치나 중요성으로 분별하여 판단하지 않고 오직 일어나는 대로 알아차리기만 하면 된다. 이렇게 일어나는 대로 판단 없이 순수하게 알아차림 하는 것을 "순수한 주의(bare attention)", 또는 "선택 없는 알아차림(choiceless awareness)"이라고 부르기도 한다.

마음챙김 명상 수련의 내용

카밧진이 개발한 MBSR은 만성통증과 스트레스 관련 질병을 가진 환자의 치료를 위한 행동의학 프로그램이다. 이 프로그램은 원래 8주 동안 매주 한 회기씩, 각 회기마다 2.5~3시간 정도 진행된다. 제6주제는 하루 종일 진행되는 마음챙김 수련 회기가 포함되며, 매주 한 번 센터에서 진행되는 수련일 외에 6일간은 집에서 매일 45분간 마음챙김에 관한 훈련을 해야 한다.

MBSR은 어떤 특정한 질병을 앓는 환자 집단으로 구분하여 운영한다기보다는 질병의 종류에 구애받지 않고 끊임없이 변화하는 자신의 내면 상태의 흐름을 경험하고, 순간순간에 바탕을 둔 알아차림 능력을 키우고자 하는 일반적인 환자들로 이루어진다. 그렇지만 경우에 따라 암 환자나 심장병 환자 또는 부부관계를 증진시키고자 하는 사람 등 특정한 치료 목적이 있는 사람들을 위한 특별 환자 집단으로 구성되기도 한다. 최근에는 스트레스를 많이 받는 최고경영자(CEO), 변호사, 회계사, 교수, 언론인 등 각종 전문 직업인들을 대상으로 하는 프로그램도 개발되어 있고, 리더를 위한 마음챙김 리더십(Mindful Leadership) 프로그램, 산업체 종사원을 위한 내면 탐색(Search inside yourself, SIY) 프로그램도 있으며, 마음챙김 학교(Mindful School)라는 인터넷 프로그램이 개발되어 교육 현장에서도 활용하고 있다.

처음 환자를 만나게 되는 면접 회기에서는 이 프로그램의 전문 강사가 이 과정의 의미와 방법에 관해 먼저 설명하고, 심리 진단 등의 사전검사를 받도록 권유한다. 또한 과제에 관해 언급하기도 하고, 앞으로 진행될 모든 회기에 빠짐없이 참석하도록 권유하고, 매일 집에서 해야 할 과제(적어도 매일 45분, 일주일에 6일)를 완수하는 데 몰두해야 한다고 강조한다. 또한 이 프로그램을 수행하는 동안 체험하게 될 각종 경험에 대한 언급과 이 프로그램 완료 후에 있을 사후 평가 회기에 대해서도 언급한다. 8주 동안 진행되는 회기들에서는 수련자들이 명상하면서 느꼈던 개인적인 경험에 대해 언급하는 데 특히 많은 시간을 할애한다.

마음챙김 수련이나 심신의학, 그리고 스트레스에 관한 다양한 이론에 대한 강의를 하기도 한다. 스트레스의 생리학과 병리학, 스트레스에 대한 생리·심리적 반응, 스트레스 지각에 대한 인지적 평가 등 심리학과 심신의학에 관한 것들을 모든 회기에 걸쳐 골고루 통합하여 체계적으로 강의함으로써 환자가 자신의 병이 어떻게 발생하였고, 또 어떻게 고쳐질 것인지에 대해 종합적으로 이해할 수 있도록 한다. 또한 중요한 강의로 명상의 종류, 마음챙김 명상의 의미, 그리고 마음챙김 태도에 대한 강의를 통해 삶의 태도를 새롭게 바꿀 수 있도록 권유한다.

앞에서 마음챙김 수련은 매일 일정한 시간을 할애하여 하는 공식 수련과 일상생활 중에 특정한 행동을 할 때 하는 비공식 수련이 있다고 이야기하였다. 공식 수련에는 몸 살피기(body scan), 정좌 명상, 하타 요가 수련이 주를 이루고 비공식 수련으로는 건포도 먹기 명상, 걷기 명상, 호흡 명상, 자비·자애 명상, 일상생활 속에서의 알아차림 명상

등이 있다. 공식 수련을 할 때는 보통 개개 마음챙김 명상 안내문이 담긴 CD를 들으면서 따라 한다. 마음챙김 수련이 익숙하지 않은 초반에 CD의 지도를 따라 수련하면 기초를 다지는 데 큰 도움이 된다. 여기에 익숙해지면 CD의 도움 없이 언제 어디서나 필요할 때 바로 그곳에서 마음챙김할 수 있게 될 것이다.

다음에 소개하는 마음챙김 명상 유도 안내문은 필자가 병원 환자나 일반 성인들을 대상으로 심신 건강 증진과 삶의 질 고양을 위해 개발하여 보급해 온 '한국형 마음챙김 스트레스 감소(K-MBSR) 프로그램'의 명상 안내문 내용을 적절하게 정리하여 옮긴 것이다. 초심자의 경우, 이 안내문을 참고하면 수련에 익숙해지는 데 도움이 될 것이다.

● 마음챙김 훈련 I : 건포도 먹기 훈련

건포도 먹기 훈련은 처음 MBSR에 참가한 수행자들이 자기소개를 끝낸 첫 회기에 시작하는 마음챙김 명상의 첫 번째 훈련이다. 수련자 한 사람, 한 사람에게 건포도 서너 알을 나누어 주고 그 건포도 알들을 과거에 한 번도 보지 못했던 것처럼 흥미와 호기심을 가지고 관찰하도록 한다. 그러고 나서 수련자들이 건포도 알을 손가락으로 만져 촉감을 느끼게 하고, 건포도 알의 표면을 살펴보기도 하고, 불빛에 비춰 보아 불빛이 건포도 알을 통과하는지 살펴보게 하고, 귀 가까이로 가져가 빠르게 또는 느리게 부빌 때 소리가 들리는지 알아보기도 하고, 냄새를 맡아 보아 어떤 냄새가 나는지도 알아보게 한다. 그런 후에 천천히 입속에 넣었을 때 침이 나오는지, 침이 나온다면 어디에서 침이 나와 고이는지 등을 살핀 후 서서히 씹었을 때 입과 혀의 반응이나 맛과 질감 등을 살피고 삼켰을 때 목구멍에서 일어나는 감각적 느낌까지 다섯 종류의 감각적 경험들을 차근차근 살피면서 알아차림하도록 한다. 만약 이러한 감각 훈련을 하는 동안에 감각 경험과 관련 없는 어떤 생각이나 감정이 일어난다면 그런 생각이나 감정이 일어났음을 살펴본 후 건포도 쪽으로 주의를 되돌리도록 한다.

건포도 먹기 훈련은 평소 감각적인 알아차림 없이 건성으로 음식을 먹어치웠던 것이나 어떤 일을 할 때 정신없이 자동 조정 상태에서 행동했던 것과 달리 마음을 챙겨 참여할 수 있는 기회를 제공해 준다는 데 큰 의미가 있다. 이 훈련에 참여한 사람들은 이렇게 먹은 건포도가 평소 주의가 딴 곳에 가 있어 음식의 맛도 모르고 건성으로 먹어 왔던 때와는 판이하게 다르다는 것을 알게 되었다고 말한다.

평소 자동 조정에 의해 정신없이 해왔던 일상의 활동들에 대해 알아차림한다는 것은 이런 체험들을 밀도 있게 관찰함으로써 삶을 대하는 태도와 의미를 새롭게 할 수 있게 해주는 것이다. 이처럼 일상적 경험에 대한 알아차림 능력이 높아지면 그동안 다양한 상황에서 알아차림 없이 해왔던 일들을 마음챙김하여 할 수 있게 된다.

제1회기가 끝난 후에는 수행자들에게는 앞으로 일주일 동안 음식물을 먹을 때 지금 행한 건포도 먹기 훈련처럼 마음챙김하여 천천히 먹고 감각적 체험을 알아차림하도록 권유한다. 이때 다음의 건포도 먹기 명상 안내문을 자신의 목소리로 녹음해서 이 소리를 들으면서 따라 하길 권한다.

건포도 먹기 명상 안내문

건포도 서너 알을 골라서 손바닥 위에 올려놓으십시오. 편안하게 앉아서 이 포도를 과거 한 번도 보았거나 맛본 적이 없었던 생소한 것처럼 관찰하십시오. 모든 감각을 총 동원하여 건포도를 바라보십시오. 이것은 어떤 것이며 이것을 먹어 보면 어떨까 마음속에서 호기심이 일어나게 하십시오. 지금 하고 있는 이 일에 대해 의문이 일어나려고 할 때는 일단 의문을 내려놓고 그냥 건포도에만 초점을 두고 관찰하십시오.

잠시 뒤 건포도 한 알을 골라 손가락으로 집어서 촉감을 느껴 보십시오. 뒤집어도 보고, 좀 더 가까이 가져와서도 살펴보십시오. 빛에 비춰 보고 불빛이 이 건포도를 통과하는지도 살펴보십시오. 천천히 하십시오. 마음속에 조급해지거나 지루하다는 생각이 드는지 살펴보십시오.

마음이 건포도를 떠나 다른 생각이나 다른 이야기로 옮겨 가는지 주목해 보십시오. 마음이 다른 곳으로 떠나 방황하고 있더라도 스스로를 관대하게 대하십시오. 비록 그렇다 하더라도 실수나 잘못을 한 것은 아닙니다. 그냥 조용히 마음을 건포도 쪽으로 데려 오십시오 건포도를 한쪽 귀에 갖다 대 보십시오. 손가락으로 비벼 보십시오.

무슨 소리가 들리십니까? 다른 쪽 귀에다 대고도 해보십시오. 비비는 속도를 달리해 가면서 비벼 보십시오. 지금 이 순간 이 일에 마음이 머물고 있습니까? 비비면 소리가 들립니까? 마음속에서 일어나는 모든 생각과 판단을 알아차리십시오. 생각을 보시고는 부드럽고 관대하게 그 생각을 내려놓고 건포도 소리로 되돌아오십시오.

시간을 충분히 갖고 하십시오.

서두르고 싶은 생각이나 성급한 생각 혹은 실망감과 같은 것은 없는지 잘 살펴보십시오. 자기 자신을 넉넉하고 친절하게 대하십시오. 비록 이러한 느낌들이 나타난다 하더라도 관대하게 받아들이고선 다시 건포도로 의식을 돌리십시오.

건포도를 코 가까이에 대 보십시오. 무슨 냄새가 나지 않습니까? 어떤 냄새입니까? 지금 바로 그 냄새를 맡으면서 그대로 머무르십시오. 냄새를 맡으면서 어떤 이야기를 만들어 내거나 만들어 낸 이야기 속으로 끌려가지 마십시오. 오직 그 냄새만 맡으십시오.

건포도를 입 가까이 가져가십시오. 아직 입안으로 넣지는 마십시오. 입안에서 어떤 일이 일어나고 있는지 느껴 보십시오. 침이 고입니까? 어디에서 침이 많이 고입니까? 혀가 움직이지는 않습니까? 가능한 한 주의 깊게 입속에서 일어나고 있는 여러 현상들을 관찰하십시오.

건포도를 입으로 가져가서 입속에 넣으십시오. 그 다음 어떤 일이 일어나는지 살펴보십시오. 씹기 전 건포도의 느낌은 어떠합니까? 당신의 입속에서 어떤 일이 일어나고 있는지 살펴보십시오. 씹기 전에 건포도를 약간 움직여 보십시오. 느낌은 어떠하십니까?

마음속에 어떤 생각이나 이야기, 또는 어떤 판단이 일어나고 있는지 지켜보십시오. 만약 어떤 생각이나 이야기 또는 판단이 일어났다면 그것을 그냥 알아차리기만 하고 놓아 보내십시오. 매달리거나 붙잡으려 하지 마십시오. 오직 당신 입안의 건포도 주위에서 일어나고 있는 직접적인 감각 경험에만 주의를 집중하십시오.

이제 건포도를 서서히 씹어 보십시오. 처음 깨무는 순간을 느껴 보십시오.

맛이 어떻습니까? 달콤하십니까? 흙냄새가 나는가요? 쓴맛이 납니까? 아니면 어떤 다른 맛이 납니까? 부드럽습니까? 거칩니까? 쫄깃쫄깃합니까? 씹을수록 맛이 변합니까? 어떻게 변합니까? 입안의 어떤 부분에서 가장 맛이 강하게 느껴집니까? 씹을 때 일어나는 변화에 집중하여 그곳에 머무르십시오.

건포도의 맛과 씹는 동작에서 무엇을 알아차렸습니까? 건포도가 입속에서 어떻게 사라져 가는지도 살펴보십시오. 삼키는 것은 어떠한지요? 입안에 남아 있는 게 있는지요? 삼킨 후에도 아직 맛이 입속에 남아 있습니까? 있다면 입안 어느 곳에 주로 남아 있습니까? 지금 여기에 존재하는 모든 감각들을 느끼면서 편안하게 머무르십시오.

잠시 후 두 번째 건포도를 가져오십시오. 건포도를 바라보면서 그 안에 무엇이 들어 있는지 지금 당신 앞에 오기까지의 상황들에 대해 생각해 보십시오. 깊고 심각한 분석은 하지 마십시오. 다만 이 건포도 알이 지금 여기에 오기까지 햇볕과 물 그리고 대지의 영양분이 인연되어 영글어졌고 인간을 포함해서 모든 생명체들의 온갖 보살핌을 받아 이곳에 온 것임을 알아보십시오.

어떤 나라, 어느 지방의 어떤 밭, 어떤 나무 위에서 영글고 익은 포도 알을 누군가 따서 말린 것을 포장하여 시장으로 출하된 것을 사서 집으로 가져온 포도알 하나가 지금 여러분의 손 위에 왔습니다. 건포도처럼 사소한 먹을거리를 포함하여 당신 주위에 있는 모든 먹을거리들이 당신과 소중한 연관을 맺고 있다는 것을 실감해 보십시오.

다시 두 번째 건포도 알을 향해 천천히 주의를 돌리십시오. 당신은 바로 이 건포도 알을 과거에 단 한 번도 본 적이 없습니다. 이것은 당신이 지금까지 먹었거나 보았던 건포도 알과는 전혀 다른 것입니다. 건포도를 이미 잘 알고 있고, 예전에 이미 먹어 보았다는 따위의 생각은 하지 마십시오. 초심자의 마음으로 이 건포도와 함께 존재할 수 있겠습니까? 적어도 처음 건포도를 보았을 때의 마음으로 집중할 수 있겠습니까? 편견 없이 건포도를 바라보고 만져 보고 촉감을 느껴 보십시오. 건포도를 만지면서 소리를 들어 보십시오. 냄새를 맡아 보십시오. 씹어서 맛을 느껴 보십시오. 삼켜 보십시오. 이런 경험에서부터 무엇을 알아차렸습니까?

세 번째, 네 번째 건포도로도 계속 해보십시오. 할 적마다 처음 해본다는 마음으로 지금 이 순간에 머무십시오. 당신이 지금 먹고 있는 이 건포도와의 생생한 경험과 관계없는 어떠한 생각, 예컨대 성급함, 지루함, 실망감, 의심, 혹은 그 밖의 다른 생각이나 정신적인 상태가 나타나고 있는지도 잘 살펴보십시오.

느낌이나 생각이 일어난다는 것을 알아차려도 스스로에게 관대하십시오. 마음이 다른 곳으로 가 헤매고 있고 어떤 이야기나 판단에 빨려들거나 성급함이 일어나도 개의치 마십시오. 결코 잘못하고 있는 것이 아닙니다. 그냥 일상적으로 일어나는 일일 뿐입니다. 그것은 누구에게나 일어나는 것입니다. 지금 당신이 일어나고 있는 일을 알아차림하고 있는 이것이 중요한 것입니다. 지금처럼 현재에 깨어 있는 연습을 거듭하면 할수록 인내와 수용감을 기를 수가 있는 것입니다.

수고하셨습니다.

● 마음챙김 훈련Ⅱ : 몸 살피기 훈련(body scan)

몸 살피기 훈련은 공식적인 마음챙김 명상 수련의 첫 번째 훈련
이다.

수련자들에게 눈을 감은 채 등을 바닥에 대고 가만히 눕거나 의
자에 편안하게 앉으라고 지시한다. 이어서 왼쪽 발의 발가락부터 시
작해서 서서히 상체 쪽으로 주의의 대상을 옮겨 가면서 차례차례로
신체의 여러 부위들에서 느껴지는 감각을 살피라고 지시한다. 왼쪽
다리에 대한 감각 살피기가 끝나면 오른쪽 다리로 옮기고, 이어서 몸
통, 팔, 어깨, 목, 얼굴, 머리 쪽으로 서서히 대상을 옮겨 가면서 신체
각 부위의 감각을 살펴보도록 한다.

각각의 신체 부위에서 느껴지는 신체 감각에 대해 어떤 변화도
시도하려고 하지 말고 오직 열린 마음과 호기심을 가진 채 지금 이 순
간 나타나는 신체 감각을 나타나는 대로 살펴본다. 만약 신체의 어떤
부위에서 어떤 감각도 느껴지지 않는다면 오직 감각이 느껴지지 않는
다는 것만 알아차리면 된다.

이 몸 살피기 훈련은 임의로 근육을 이완시키라고 지시하는 점진
적 근육 이완 훈련이나 자율 훈련과는 차이가 있다. 몸 살피기에서는
신체의 어떤 부위에서 긴장이 느껴지면 단지 그곳에 긴장이 있구나,
하고 알아차림하면 된다. 또는 어떤 부위에 아픔이 느껴지면 그곳에
어떤 종류의 아픔이 있구나('멍하구나', '찌르는 듯하구나' 등) 하고 알아차
림하면 된다.

이렇게 몸을 살피는 동안 마음이 흔들려 주의가 다른 곳으로 가

서 방황하게 되면(이것은 불가피한 일이다) 마음이 흔들리고 있다는 것을 알아차림한 후 지금 관찰하는 대상인 바로 그 신체 부위 쪽으로 조용히 되돌아오도록 할 뿐 자기 자신에 대해 어떤 식으로든 비판이나 비난을 해서는 안 된다. 몸 살피기는 제1, 2회기 및 8회기에 수련하며 제1주부터 시작하여 4주까지 연속 4주 동안 숙제로 부과한다. 이때 수련자들에게 몸 살피기 수련을 따라 할 수 있도록 안내하는 CD를 제공해 준다.

몸 살피기가 끝난 직후 주어지는 질의 응답 시간에는 지금 체험한 경험들에 대해 질문하도록 한다. 예컨대 어떤 수련자들은 자기 자신이 몸 살피기를 제대로 했는지 여부를 걱정하면서 자신이 체험한 것에 대해 질문하기도 한다. 그러나 몸 살피기는 이완과 같은 어떤 특정한 성과를 기대해서는 안 되는 것이기 때문에 몸 살피기 끝에 이완에 성공했다거나 실패했다는 식의 결과를 기대해서는 안 된다. 이완이 일어날 수도 있지만 오히려 긴장되는 것만을 관찰했다고 해도 무방하다.

수련자들은 몸 살피기를 하는 동안 잠이 왔다거나, 안절부절 했다거나, 마음이 심하게 방황하고 있는 것을 경험했다거나 몸이 이곳저곳 쑤시고 아팠다거나 어떤 참을 수 없는 감정 상태가 일어나는 것을 느꼈다고 말하기도 한다. 물론 이러한 경험을 했다고 해서 몸 살피기 훈련을 제대로 하지 못했다는 것은 아니다. 어떤 판단도 하지 않은 채 나타난 경험이 어떤 것이라도 있는 그대로 알아차리는 것이 무엇보다 중요한 것이기 때문이다. 그래서 "이렇게 하는 것은 틀린 것이야.", 또는 "이렇게 해서는 안 돼.", 또는 "그것과는 다르게 해야 해."라고 말하는 것은 옳지 않지만 "이 생각은 판단적인 생각이야.", "흥미와 호기심을 갖고 그냥 바라 봐." 또는 "공상이 떠올랐군. 몸 살피기 쪽으로 주의를 되돌려야겠어."와 같은 독백의 말을 하는 것은 상관없다.

몸 살피기 명상 안내문

편안한 자세로 안락의자에 앉거나 머리와 무릎에 베개를 받치고 누우십시오. 많은 사람들이 누워서 하는 몸 살피기를 좋아합니다.

몸 살피기는 잠들기 위해 하는 것이 아니라 마음을 챙겨 깨어 있도록 하는 것이 주된 목적입니다. 몸을 따뜻하게 하십시오. 적어도 30분은 수련해야 하며 이 명상에 익숙해질수록 점점 더 긴 시간 동안 수련할 수 있을 것입니다. 준비가 되었으면 눈을 감으십시오.

먼저 호흡이 몸으로 들고 남을 느껴 보십시오. 호흡이 몸속으로 들어왔다가 바깥으로 나가는 것을 느껴 보십시오. 편안하게 이완한 채 몸 전체를 통해 느껴 보십시오. 온몸을 한 덩어리로 생각해서 느끼십시오. 의자나 방바닥과 맞닿아 있는 신체 부분에 집중하여 느끼십시오. 느낌을 인위적으로 변화시키려 하지 말고 느껴지는 대로 느끼십시오. 당신은 몸이 느껴지는 그대로 바로 지금 여기에 존재하고 있는 것입니다. 이 수련은 몸에 대하여 무엇인가를 생각하려고 하는 게 아니라 몸이 느끼는 그대로를 느껴 보기 위해 하는 것입니다.

자, 왼쪽 발의 발가락에 의식을 집중해 보십시오. 발가락에서 느낄 수 있는 감각을 느껴 보십시오. 그런 후 발가락을 통해 호흡이 드나든다고 느껴 보십시오. 즉, 발가락으로 호흡이 들어와 발가락으로 호흡이 되돌아 나간다고 느껴 보십시오. 발가락으로 호흡이 들어온 후 발가락을 거쳐 호흡이 되돌아 나갑니다.

마음속에 어떤 상을 만들려고 하지 마십시오. 그냥 이완한 채 얼마나 많은 감각이 발가락에서 느껴지는지 바라보기만 하십시오. 특별한 감각이 느껴지지 않는다면 그냥 지켜보기만 하면서 '특별한 감각이 느껴지지 않는구나'라고 하십시오. 감각이 느껴지지 않는 것에 대해 어떤 해석을 하려고 하지는 않는지 살펴보십시오. 만약 해석하려는 생각이 떠오른다는 것을 알아채면 그 해석하려는 생각을 내려놓아 보내고 발가락으로 주의를 되돌릴 수 있도록 하십시오.

발가락에서의 감각의 변화도 느껴 보십시오. 발가락의 온도, 양말이나 신발, 또는 공기와의 접촉감도 느껴 보십시오. 최대한 예민하게 느끼십시오. 최대한 세밀하게, 미세한 감각을 느껴 보십시오. 직접적으로 느껴지는 일차적 감각에만 의식을 머무르십시오. 감각이 느껴졌다가 변화되었다가 사라졌다가 하는 것을 그대로 보기만 한 채 내버려 두십시오. 감각이 자연스럽게 일어났다가 자연스럽게 변화되어 가다가 자연스럽게 사라지는 것만 살펴보십시오.

이번에는 발가락에서 발바닥 쪽으로 의식의 초점을 옮겨 가십시오. 발가락에서 했던 감각 살피기를 발바닥에서도 그대로 하십시오. 그런 후에는 발뒤꿈치, 발등, 발목으로 의식의 초점을 서서히, 서서히 옮겨 가십시오. 이런 식으로 몸의 감각 살피기를 계속하십시오.

신체 감각 관찰이 마음챙김의 대상입니다. 신체 감각의 알아차림과 함께 하는 호흡은 이 순간에 당신을 바로 여기에 머무르도록 해주는 것입니다. 발에서부터 엉덩이 쪽을 향해 위쪽으로 주의의 대상을 서서히, 서서히 옮겨 가십시오

호흡과 함께 종아리, 무릎, 허벅지의 감각에 계속 초점을 옮겨 가십시오. 한 부위의 신체 감각을 호흡과 함께 살펴본 후 다른 부위로 주위의 초점을 서서히 옮겨 가십시오. 집중이 잘 안될 때는 인내심을 갖고 초점을 두고 있는 신체 부위의 감각과 호흡 감각을 다시 느껴 보도록 하십시오. 자, 이제 왼쪽 다리의 모든 부위에 대한 감각을 두루 살폈습니다.

이번에는 오른쪽 발과 오른쪽 다리 쪽으로 의식을 옮겨 가십시오. 오른쪽 다리의 발가락에서부터 의식을 집중해 보십시오. 느낄 수 있는 만큼 느껴 보십시오. 왼쪽 다리에서 했던 방식을 그대로 되풀이

하십시오.

발가락에서 시작하여 차츰차츰 오른쪽 다리의 모든 부분으로 이
동해 가십시오.

자, 다리를 거쳐 이번에는 골반 쪽으로 옮겨 가십시오. 골반에서
느껴지는 감각과 함께 호흡한 후, 복부와 등 아래쪽 부분으로 옮겨 가
면서 호흡하십시오.

다음에는 가슴과 위쪽 등을 살펴보십시오. 그리고 어깨로 나아가
십시오. 다음에는 왼쪽 팔의 손가락, 손바닥, 손등, 팔을 살펴본 후 나
머지 다른 부위의 팔을 살펴보고 다시 어깨로 되돌아오십시오. 한 부
위에서 다른 부위로 집중을 옮길 때 감각과 호흡에만 초점을 두십시
오. 이번에는 오른쪽 팔의 손가락, 손바닥, 손등을 살펴보고 난 후 나
머지 부분의 팔을 살펴보고 다시 어깨로 돌아오십시오.

목, 턱, 입과 목 안쪽을 포함하여 얼굴 부위를 거쳐 머리 부위로
천천히 주의를 계속 옮겨 나아가십시오. 신체의 모든 부위를 다 살펴
보았으면 자연스런 상태로 몇 번 호흡을 하고 난 다음, 깊은 휴식으로
들어가십시오. 정수리에 문이 있고, 그 문을 통해 호흡이 들어와서 몸
전체를 관통하여 샅샅이 씻어 내려간 다음 두 발의 발바닥을 통해 몸
밖으로 나가게 합니다.

마음 내키는 만큼 계속 정수리를 통하여 호흡이 들어와 몸을 관

통하고 발바닥을 통해 바깥으로 나가는 호흡을 계속 하십시오.

이번에는 거꾸로 발바닥으로 호흡이 들어와 몸을 통과하여 정수리로 나가게 하십시오. 하고 싶은 만큼 계속하십시오.

이 모든 것을 다 마치면 마치 몸이 없는 것처럼 몸의 존재를 느끼지 못할 수도 있습니다. 그렇게 느껴져도 걱정하지 마십시오. 그냥 고요히 그 순간의 침묵 속에서 편안히 쉬십시오. 몸 살피기 후의 깊은 평화와 안정감을 한껏 느껴 보십시오.

수련을 마칠 준비가 되었으면 깊은 호흡을 몇 번하고 서서히 눈을 뜨십시오. 천천히 몸을 좌우로 움직여 보십시오. 그리고 서서히 일어나 앉으십시오.

수고하셨습니다.

● 마음챙김 훈련 Ⅲ : 정좌 명상
정좌 명상은 마음챙김 명상의 가장 핵심이 되는 본격적 수련 과정으로, 크게 네 단계로 진행된다.
정좌 명상의 첫 단계에서 수련자는 의자나 방석 위에 앉아 마음을 각성한(깨어 있는) 채 편안한 자세를 취한다. 등은 가능한 똑바로 펴서 머리와 목과 등뼈가 일직선이 되도록 한다. 눈은 가볍게 감거나 아래쪽을 응시한다.

정좌 명상의 첫 번째 단계에서 수련자는 천천히 호흡하면서 콧구멍이나 목구멍에서 일어나는 감각과 하복부의 상하 운동 같은 것에 주의를 집중하는 마음챙김 호흡 명상을 한다. 마음이 호흡 집중에서 벗어나 흔들리게 되는 것은 불가피한 일이다. 이러한 흔들림을 알아차리면 지체 없이 호흡에 집중하여 주의를 되돌리면 된다.

이렇게 하여 주의가 집중되면 이번에는 주의의 초점을 호흡에서 신체 감각 쪽으로 옮겨 간다. 불쾌한 신체 감각이 일어나더라도 수련자는 애써 이를 해석하고 판단하지 말고 조용히 수용한다. 만약 몸이 불편하여(다리가 아프다든가) 움직이고 싶은 욕망이 생기면 즉각적으로 다리를 뻗거나 움직이지 말고 그 대신 고통이 발생되었음을 수용한다('아, 다리가 아프구나'). 그리고 꼭 다리를 움직여야겠다고 생각되면 움직이려는 의도, 움직일 때의 동작, 그리고 움직임에 의해 발생하는 감각의 변화까지도 빠뜨리지 말고 알아차림하도록 한다. 첫 번째 단계에서는 자신의 신체 내에서 일어나는 신체 감각을 알아차림하는 것이 특징이다.

정좌 명상의 두 번째 단계에서는 주변에서 발생하는 소리나 냄새와 같은 외부 환경 자극에 대해 마음을 챙겨 수용하는 연습이다. 예컨대 소리를 들을 때는 소리의 질, 소리의 양, 소리가 들려오는 기간, 또는 소리와 소리 사이의 침묵에 대해 어떤 판단도 없이 알아차림하고,

풍겨 오는 냄새에 대해 알아차림할 경우에는 냄새의 질과 강도 등에 관해 어떤 판단과 분석 없이 순수하게 있는 그대로 알아차림하도록 한다. 두 번째 단계는 외부 환경이 주는 자극을 순수하게 알아차림하는 것이 특징이다.

세 번째 단계에서는 주의의 초점을 자신의 마음 내부에서 자연스레 생겨나는 감정이나 생각으로 옮겨 간다. 수련자들은 자신의 의식 세계 속에 자연스레 떠올랐다가 사라져 가는 생각이나 감정을 관찰한다. 다만 떠오르는 생각에 깊이 빨려 들어가지 말고 단순히 그 생각의 내용이 무엇인지에만 주목해야 하며 그 생각이 떠올라 전개되다가 사라져 가는 변화를 살펴보아야 한다. 다시 말해 수련자는 자신이 지금 경험하고 있는 분노, 수치, 또는 욕망과 같은 감정들이 떠올랐음에 주목하고 이 감정과 연관되는 생각이나 감정의 전개 과정을 어떤 분석이나 판단 없이 목격자의 입장에서 알아차림한다.

정좌 명상의 마지막 단계에서 수련자는 자신의 의식 세계에 자연스럽게 떠오르는 것이 무엇이든(신체 감각, 생각, 감정, 소리, 냄새, 욕망 등) 선택하지 말고 나타나는 대로 살펴본다. 이런 것들이 떠올랐다가 변화되어 가다가 사라지는 자연스런 현상을 어떤 판단 없이 살펴보면서 정좌 명상을 끝낸다.

정좌 명상은 제2회기부터 제7회기까지 총 6회기 동안 한 번에 10분에서 45분 정도까지 수련한다. 대부분의 회기 동안 정좌 명상은 숙제로 부과되며, 정좌 명상 안내문의 CD가 제공된다.

정좌 명상 1 : 신체 감각과 같이 하는 정좌 명상 안내문

정좌 명상은 바닥에 앉아서 하거나 등받이가 있는 의자에 앉아서 할 수도 있습니다. 상황에 따라 편리한 대로 하십시오.

먼저 편한 대로 자리를 잡으십시오. 바닥에 앉아서 할 경우에는 방석을 엉덩이 밑에 깔고 양반다리 자세를 취하여 할 수도 있고, 가부좌 자세나 반가부좌 자세로 앉아서 할 수도 있습니다. 어떤 자세를 취하거나 자유입니다. 엉덩이를 바닥에 붙이고 편안하게 앉아서 하면 됩니다. 자세에 지나치게 신경 쓰지 마십시오. 의자에 앉아서 할 경우에는 등을 등받이에 기대어서 하지 마십시오. 등을 똑바로 세워서 해야 각성 유지에 도움이 됩니다. 바닥에 앉아서 할 경우에는 두 무릎을 바닥에 붙이면 이상적입니다. 허리를 꼿꼿이 세운 채 편안하게 앉기 위해서는 엉덩이 밑에 깔 방석의 높이를 조절하는 게 좋습니다. 방석을 접어 엉덩이 밑에 깔고 두 무릎을 바닥에 붙인 채 해보십시오. 편안하게 느껴질 것입니다.

자, 준비가 되었으면 등을 똑바로 세워 위엄 있으면서 편안한 자세를 유지할 수 있도록 하십시오. 의자에 앉아서 할 경우에는 두 다리를 어깨 너비 정도로 벌리고 발바닥은 바닥에 편안히 놓으십시오. 명상할 자세가 갖춰졌으면 두 눈을 부드럽게 감으십시오. 이제부터 명상에 들어갑니다.

먼저 엉덩이가 닿아 있는 바닥에서 느껴지는 촉감이나 압박감, 그밖에 앉아 있으면서 느낄 수 있는 어떤 종류의 신체 감각이든 느껴 보십시오. 처음에는 이런 신체 감각들을 느끼는 데 마음을 집중하십시오.

자, 이번에는 호흡으로 주의를 옮기십시오. 숨을 들이쉬고 내쉴 때 아랫배에서 느껴지는 신체 감각에 의식을 집중하십시오. 처음 연습할 때는 한 손을 아랫배 위에 올려놓아서 숨을 들이쉴 때 손이 위로 올라가고, 내쉴 때 손이 아래로 내려가는가를 살펴보십시오. 하복부의 움직임과 감각에 마음을 모을 수 있게 되면 손을 복부에서 뗀 채 계속하여 하복부의 움직임과 감각을 마음의 눈으로 살펴보십시오. 숨을 들이킬 때 아랫배가 부드럽게 부풀어 오르고 숨을 내쉴 때는 부드럽게 줄어드는가를 살펴보십시오. 숨을 들이킬 때는 아랫배가 부드럽게 부풀어 오르고 숨을 내쉴 때는 부드럽게 줄어드는가를 계속하여 살펴보십시오. 이번에는 호흡이 코로 들어와 아랫배까지 진행되어 가는 전 과정 동안 느껴지는 신체 감각의 변화를 느껴 보십시오. 자, 이번에는 호흡이 아랫배로부터 코를 통해 바깥으로 나가는 전 과정 동안 느껴지는 신체 감각의 변화를 느껴 보십시오.

집중이 잘 되면 마음속으로 숨을 들이쉴 때는 '들~' 하고, 내쉴 때는 '토~' 하고, 호흡 사이에는 '쉼~' 하고 마음속으로 읊조려 보십시오. '들~쉼~토~쉼~들~쉼~토~쉼~들~쉼~토~쉼~들~쉼~토~쉼~' 계속하여 하십시오. 숨 쉬는 것을 어떤 식으로든 통제하려고 하지 마십시오. 자연스럽게 하십시오. 숨 쉬는 동안 느끼는 경험들도 자연스럽게 느낄 수 있게 하십시오. 이상적인 숨쉬기 방법이 따로 있는 것도 아니고, 특별하게 도달해야 할 이상적인 상태가 따로 있는 것도 아닙니다. 느껴지는 자연스런 경험에 충실하십시오.

얼마 지나지 않아서 당신의 마음은 아랫배의 움직임에 대한 관찰에서 벗어나 바깥 세계를 향해 방황을 시작할 것입니다. 온갖 종류의 생각과 계획 같은 것이 마음에 떠올라서 방황하게 될 것입니다. 이런 마음의 동요는 자연스러운 것이며 모든 사람이 다 느끼는 것입니다. 이것은 잘못된 것도, 실패한 것도 아닙니다. 안심하십시오. 마음이 호흡 관찰에 머물러 있지 않고 다른 생각에 가 있다는 것을 알아차리면 다른 곳에 가 있는 마음을 조용히 붙잡아 호흡 쪽으로 되돌리면 됩니다. 의식을 아랫배 쪽으로 되돌려 놓고서는 조금 전처럼 호흡이 들어오고 쉬고 나가고 할 때 느껴지는 신체 감각들에 마음을 챙기십시오. '들~' 할 때에 느껴지는 감각, '쉼~' 할 때에 느껴지는 감각, 그리고 '토~' 할 때에 느껴지는 감각을 마음챙김하십시오.

마음을 아랫배로 돌려놓아도 금방 다시 바깥 대상으로 옮겨 갑니다. 이런 마음의 동요는 끝없이 되풀이됩니다. 이렇게 불안정하게 움직이는 것이 우리들 마음입니다. 마음이 다른 곳에 끌려가 움직이고 있다는 것을 알아차리는 순간 이런 마음의 동요는 지극히 자연스런 현상이라고 생각하시고 아랫배 호흡으로 의식의 초점을 돌려 숨이 들어오고 쉬고 나가고 하는 동안 느껴지는 신체 감각들에만 마음을 챙겨 나가십시오. 아무리 애써 봐도 마음은 또 다시, 또 다시, 계속하여 바깥으로 달아납니다. 마음의 성질이 원래 그렇기 때문에 붙잡아 매어 둘 수 없습니다. 이런 마음의 방황을 지켜보는 것이 나에게 인내심을 길러 주고 나의 생각의 다양성과 호기심의 내용을 알려주기 때문에 오히려 다행스런 일이라고 여기시고 계속하여 달아난 마음을 붙잡아 아랫배의 호흡 자리로 되돌아가도록 하십시오.

호흡에 충분히 집중하고 있다고 느껴지면 호흡뿐만 아니라 전 신체에서 느껴지는 다른 감각들에까지도 마음챙김을 확산시켜 갑니다. 아랫배로 계속 호흡을 하면서도 주의의 초점을 서서히 옮겨 가면서 전 신체의 감각과 이 신체 감각들의 양상이 조금씩 바뀌어져 나가는 데 의식을 집중해 나갑니다. 몸과 맞닿아 있는 바닥이나 의자 부분에서 느껴지는 접촉감뿐만 아니라 발바닥, 무릎 등의 신체 접촉 부분에서 시작되는 촉각, 압각, 통각 그리고 상체의 무게를 지탱하는 엉덩이 부분, 두 손을 올려놓은 무릎 부위, 또는 두 손에서 오는 감각들에 대해서도 마음을 챙겨 나가십시오. 몸 전체에서 올라오는 이러한 신체 감각들에 대해 마음챙김하여 이 모든 감각들을 하나로 아울러 볼 수 있도록 의식의 공간을 넓혀 갑니다.

이때도 전처럼 마음이 호흡이나 신체 감각에 대한 집중으로부터 빠져나가 다른 곳에서 방황하게 될 것입니다. 이런 마음의 동요 현상은 너무나 당연하고 자연스런 일입니다. 이런 마음의 방황은 잘못된 것도 아니고 실패한 것도 아닙니다. 의식이 방황하고 있다는 것을 알아차릴 때마다 속으로 이렇게 말하십시오. "이것은 내가 졸지 않고 깨어 있다는 증거구나. 정말 다행스런 일이야. 내 마음이 지금 그 대상에 가 머물고 있었구나. 나는 지금 그런 생각을 하고 있었구나." 이렇게 말하면서 주위의 초점을 아랫배의 호흡과 전 신체 감각으로 부드럽게 되돌리십시오. 최선을 다해 할 수 있는 일이란 순간순간 온몸을 통해 나타나는 실재하는 신체 감각들에 주의를 집중하는 것입니다.

앉아 있을 때 등, 무릎, 또는 어깨 부위에서 오는 특정 감각이 지나치게 강하게 느껴질 수도 있습니다. 이때는 지금 내가 이런 감각에 주의를 빼앗기고 있구나, 느끼면서 호흡이나 신체 감각으로 되돌아오도록 하십시오. 한편 이때 의식의 초점 대상을 감각의 강도가 강한 신체 부위로 옮겨 가서 그 감각의 양상에 주의를 기울일 수도 있습니다. 보다 구체적으로 그 감각들은 정확하게 어떤 감각들인지, 어느 부위에서 올라온 감각인지, 순간순간 강도가 변화되고 있지는 않은지, 이 부위에서 저 부위로 감각이 옮겨 가고 있지는 않은지 등으로 살펴보는 것입니다. 그러나 이런 것들에 대해 지나치게 꼼꼼하게 알아보고 의미를 판단하려고 해서는 안 됩니다. 이렇게 강한 감각을 나의 마음의 눈으로 살펴보기만 하십시오. 앞서 몸 살피기 연습을 할 때 했던 것처럼 강한 감각을 느낀 부위에 의식을 집중하여 초점을 두고, 그 부위에 호흡을 집중적으로 계속할 수도 있습니다.

감각의 강도에 따라, 감각의 양상에 따라 마음이 움직이고 있다는 것도 알아차리십시오. 마음이 움직일 때마다 호흡이나 온몸의 감각 쪽으로 의식을 되돌리십시오. 이런 방식으로 의식이 호흡이나 감각으로 다시 연결되면 의식의 범위는 보다 확대되어 나갑니다. 신체 감각의 강도에 따라, 혹은 감각의 양상에 따라 마음이 순간순간 움직이고 있다는 것을 마음챙김하십시오. 자, 이제 마음챙김 호흡과 신체 감각 느끼기 연습이 끝날 단계로 접어들고 있습니다. 조용히 눈을 뜨고 몸을 좌우로 움직이면서 일상으로 돌아갈 준비를 하십시오. 눈을 뜨고 일어나 앉으십시오.

잘 하셨습니다.

정좌 명상 2 : 외부 자극과 생각, 그리고 감정과 같이 하기 안내문

마음이 안정되었으면 이번에는 주의의 초점을 외부에서 들려오는 소리 감각 쪽으로 옮겨 가십시오. 주의의 초점을 귀 쪽으로 옮겨 온 후 의식을 더욱 확장시켜 나가십시오. 언제 어디에서나 일단 소리가 들려오면 그 소리 나는 곳으로 귀를 기울이십시오. 소리가 나는 곳으로 일부러 찾아가거나 특정한 소리를 들으려고 애쓰지는 마십시오. 단지 마음을 열고 소리가 들려오면 가까운 데서 들려오는 소리이건 먼 곳에서 들려오는 소리이건 어떤 방향에서 들려오는 소리이건 관계없이 모든 소리에 대해 마음챙겨 들으세요. 분명한 소리에도, 큰 소리에도, 미미하고 작은 소리에도 마음챙겨 들으세요. 소리와 소리 사이의 여백의 공간에도 마음을 챙기십시오.

가능하면 최선을 다해 소리를 단순한 감각으로만 받아들이십시오. 그 소리에 관해 무언가 해석하고 판단하지 마십시오. 그 소리의 의미보다는 높낮이, 음조, 강약, 지속 시간 등 소리의 감각적 특성에 대해서만 의식을 집중하십시오. 이 순간 나타났다가 저 순간으로 사라져 가는 소리에만 의식을 집중하십시오.

소리에 대한 마음챙김 훈련은 매우 바람직한 훈련입니다. 의식의 범위를 확대시켜 의식의 영역을 보다 넓히고 의식의 질을 보다 확산시키는 데 매우 유용하기 때문입니다. 이 훈련은 신체 감각에 대한 마음챙김보다 먼저 실시할 수도 있고 뒤에 실시해도 관계없습니다. 또한 수시로 이 연습을 하는 것은 대단히 중요합니다. 이른 새벽 바깥에서 들려오는 새 소리, 바람 소리, 빗방울 소리, 풀벌레 소리 등등……. 지금 이 순간 들려 왔다 사라져 가는 온갖 종류의 소리에 귀 기울여 보십시오.

자, 이제 소리에 대한 마음챙김을 내려놓고 다른 쪽으로 주의 집중을 옮겨 가 봅시다. 주의 집중 대상을 지금 마음속에서 일어나고 있는 생각이나 감정으로 옮겨 봅시다. 마음속에 어떤 생각이나 감정이 일어났음에 주목하고 그 생각이나 감정이 마음의 공간 속에서 진행되어 변해 나가다가 드디어 사라져 가는 모습을 지켜보기로 합시다. 일부러 생각이나 감정이 일어나는 곳을 찾아 나설 필요는 없습니다. 단지 자연스럽게 사라져 가는 생각이나 감정을 지켜만 보십시오.

반드시 생각하거나 느껴야 할 특별한 생각이나 감정은 없습니다. 일어나는 생각이나 감정을 모두 포함시키십시오. 지금 여기에서 일어나고 있는 무슨 생각이나 감정이라도 좋습니다. 분노감, 공포감, 지겨움, 졸음, 초조함, 욕심, 성급함, 고요함, 평화감, 흥분감, 환희심, 질투심, 친절감, 사랑, 자비심과 같은 온갖 욕망과 감정 상태, 모두가 다 주목의 대상이 됩니다. 경험 속에서 나타나는 모든 생각이나 감정에 마음을 여십시오. 하나하나의 생각이나 감정을 통제하려 하거나 움켜쥐려 하거나 밀어내 없애 버리려고 하지 않은 채 의식의 공간 속에 떠오르는 모든 생각이나 감정을 다 지켜보십시오.

자, 이제는 지금 여기에 나타나는 모든 것에 마음을 여는 차례입니다. 하나하나의 소리나 감각, 냄새, 맛, 그리고 생각, 감정들에 이르기까지 지금 이 순간 마음속에 떠오르는 모든 것에 대해 알아차림하십시오. 지금 여기에 나타나는 하나하나의 대상은 다만 지금 당신의 머릿속에 떠오른 것일 따름입니다. 지금 당신 앞에 나타난 많은 대상들 가운데 어느 하나에만 주의를 모으십시오. 부드럽게 이완한 후 그 대상이 바로 여기에 존재하도록 하십시오. 가능한 한 깊이 주의를 집중해서 그 대상과 연결되십시오. 마음의 문을 최대한 넓게 열어 다가온 대상에 집중하여 머무십시오. 계속 그 대상과 연결하여 계십시오. 그 대상이 여기 이곳에 존재하는 한 꽈악 잡아 챙기십시오. 그 대상이 바뀌어 다른 대상이 나타나기 전에 몇 번씩 그 대상에 대해 거듭 주목하여 집중할 필요가 있습니다. 예컨대, 어떤 소리가 들린다면 그 소리가 "들려", "들려", "들려" 또는 신체 감각이 "눌려", "눌려", "눌려" 또는 어떤 생각에 대해서 "(난) 그것에 관해 생각한다.", "그것에 관해 생각한다.", "그것에 관해 생각한다."와 같은 말을 마음속에서 되풀이하는 것입니다. 만약, 말을 해서 오히려 산만해지면 그냥 내버려 두고, 그 대상과 감각을 연결시켜 그곳에 머무십시오. 인내심을 갖고 현재에 머무십시오.

자, 이런 식으로 계속 연습을 하십시오. 이것이 바로 특정한 대상에 한정됨이 없이 깨어 있기이며 현재 여기에 머무르기 수련입니다. 이 수련은 당신의 자각력과 존재감을 더욱 확고하게 해줄 것입니다. 부드럽게 이완하고 모든 것을 그냥 존재하는 상태로 두십시오. 공포나 걱정, 심지어 심하게 고통스런 장애가 나타나더라도 부드럽게 그것을 맞이하십시오. 깊이 바라보십시오. 깊이 느끼십시오. 깊이 경청하십시오. 그냥 왔다가 그냥 사라지게 내버려 두십시오. 그냥 그대로 내버려 둔 채 몸과 마음에 어떤 일이 일어나는지 주의 깊게 바라보십시오. 마음챙김으로 얻어진 밝은 빛을 공포, 두려움 혹은 걱정거리에다가 직접 비추어 보십시오. 깨어 있는 마음으로 밝은 빛을 품어보십시오. 자, 호흡과 복부로 다시 의식을 집중하십시오. 의식하면서 호흡하십시오. 호흡하시면서 생각이나 감정이 진행되는 대로 내버려 두십시오. 무엇이든 느껴지는 대로 느껴 보십시오. 인내심과 믿음을 가지고 지켜보십시오. 실패할 것이란 생각, 무력감, 절망감에 대한 생각조차도 살펴보십시오. 스스로 일어나는 자비심과 동정심도 지켜보십시오. 생각은 생각으로만 바라보십시오. 신체 내부의 느낌을 자각하고 그것이 어떻게 나타나서 어떻게 변화되어 가는지 살펴보십시오. 좀 더 시야를 넓게 가지고, 오고 가는 모든 것에 대해 넓고 열린 마음을 유지한 채 편안히 쉬면서 바라보십시오. 바라보고만 있지 휩쓸려 가지 마십시오. 깊은 정적 속에 자신의 마음의 움직임을 살펴보십시오.

자, 이제 끝날 시간입니다. 눈을 서서히 뜨고 몸을 좌우로 부드럽게 움직이면서 수련을 마무리하십시오.

● 마음챙김 훈련 Ⅳ : 걷기 명상
마음챙김 걷기 명상은 걷는 동안의 신체 감각과 운동 감각에 주의의 초점을 두는 비공식 수련이다. 걷기 명상을 할 때는 눈은 정면으로 향하고 가능한 발쪽을 내려다보지 말아야 한다. 몸을 움직일 때, 다리를 들어 올릴 때, 신체의 균형을 잡을 때, 발을 땅에 내디딜 때 등 그 밖에 걸음과 관련 있는 발과 다리의 움직임과 감각 등에 주의의 초점을 둔다.

다른 종류의 명상 수행을 할 때처럼 마음이 걸음걸이와 관련 없이 바깥으로 빠져나가 방황하고 있을 때 걷고 있는 다리 감각 쪽으로 주의를 돌리도록 한다. 보통 걷기 명상은 매우 느린 속도로 걷기 시작하여 익숙해지면 보통 정도의 속도나 평소보다 좀 더 빠른 속도로 행할 수도 있다. 일반적으로 이 명상은 실내를 가로질러 왔다 갔다 하면서 행하며, 특정한 도착 지점을 미리 선정하지 않고 하는 것이 좋다.

걷기 명상에서는 오직 걷는 동안에 일어나는 신체 감각만이 주된 주의의 대상이 된다. 초기 단계에서는 발과 다리에서 일어나는 감각들에 초점을 두도록 하지만 시간이 지나면서 걷는 동안 전 신체에서 일어나는 모든 감각들에 대해서도 주의의 대상을 확대해 나가도록 한다.

정좌 명상이나 몸 살피기 명상에서는 가만히 앉아 있거나 누워 있어야 하기 때문에 사람에 따라 불안이나 긴장감이 생길 수도 있고, 참을 수 없을 정도의 불쾌감이 나타날 수도 있는데, 그런 경험이 있는 사람들에게는 걷기 명상을 권한다. 걷기 명상은 간단한 용무를 보러 간다거나, 차에서 내려 사무실로 간다거나, 사무실에서 차로 가는 동안, 또는 마을을 한 바퀴 산책하는 것과 같이 일상생활에서 마음을 챙겨 걸으면서 하면 된다. 일상생활에서 하는 마음챙김 걷기는 현재 이 순간의 마음과 몸을 보다 계속적으로 알아차림하는 능력을 길러 가는 데 도움이 된다. 수련자는 CD의 안내를 받으면서 때때로 마음챙김 걷기 명상을 연습하기도 한다.

걷기 명상 안내문

15분 내지 20분 동안 자연스럽게 걸을 수 있는 장소이면 됩니다. 조용한 실내에서나 바깥에서나 산이나 들 또는 강변이나 해변 어디서나 걸을 수만 있는 곳이면 가능합니다.

현재 이 자리에 서 있을 때 느껴지는 신체 감각을 먼저 알아차려 보십시오. 발바닥에서 다리를 거쳐 올라오는 감각을 느끼십시오. 팔을 편안하게 하십시오. 두 손은 뒷짐을 지거나 그냥 옆에 느슨하게 내려 두십시오. 발바닥과 발의 감각에 주의를 집중하십시오.

자, 한 발을 천~천히 천~천히 들어 올리면서 시작하십시오. 이렇게 천~천히 천~천히 시작해야만 처음부터 마음챙겨 걷는 데 도움이 됩니다. 걸을 때 발과 다리의 감각에 집중하십시오. 발을 들어 올리고 앞으로 내밀고 바닥에 내려놓는 등 세세한 걸음 동작에 주의를 집중하십시오. 한쪽 발에서 다른 쪽 발로 몸무게가 어떻게 이동되어 가는지 느껴 보십시오. 한쪽 발에서 다른 쪽 발로 몸무게가 이동되어 갈 때 몸의 균형감, 다리의 느낌, 몸의 움직임 등을 살펴보십시오. 집중이 잘 안 되거나 마음이 산만해지면 부드럽게 발과 다리의 감각으로 되돌아 오십시오.

이런 식으로 천천히 한 발짝 한 발짝 걸으십시오. 발을 들어 올리고 앞으로 내밀고 바닥에 내려놓는 등 세세한 걸음 동작에 마음챙김 하십시오.

멈추어 서는 것에 대해서도 마음챙겨 집중해 보십시오. 당신의 몸에 귀를 기울여 보십시오. 더 움직이고 싶은 충동이나 더 걷고 싶은 마음이 생기는지 살펴보십시오. 자발적인 움직임보다 움직이려고 하는 의도가 먼저 생기는지 주목하십시오.

이런 식으로 15분 내지 20분 동안 걷기 명상을 하십시오. 걷고 있는 동안 일어나는 모든 것에 마음챙김하십시오. 생각, 소리, 혹은 그밖에 다른 것으로 인하여 마음이 산만해지면 잠깐 걷기를 멈춘 후 다시 시작하십시오. 집중을 방해하는 일을 알아차리면 깨어 있는 마음으로 돌아온 후 부드럽게 걷고 있는 발로 초점을 돌리고 다시 걸으십시오.

처음에는 느린 속도로 시작하다가 좀 더 익숙해지면 정상적인 걸음 속도나 그 이상으로 해볼 수도 있습니다. 기분이 상해 초조할 경우에는 좀 더 빠른 속도로 걷고 집중이 잘 되고 순간에 존재할 수 있게 되면 속도를 늦추십시오. 빨리 걷게 되는 경우 오른발을 앞으로 내밀 때 또는 왼발로 땅을 밟을 때와 같은 어떤 한 가지 동작과 이에 따르는 감각에만 초점을 맞추는 것이 더 쉬워질 것입니다.

　많은 감각들 가운데 어떤 한 가지 감각만을 빠른 움직임 속에서 닻으로 삼아 알아차림의 대상으로 삼으십시오. 또는 왼발을 들어 올릴 때 속으로 "나는"이라고 읊조리고 오른발을 땅에 내릴 때 "평화롭다."라고 읊조려 보십시오.

● 마음챙김 훈련 Ⅴ : 일상생활 속에서 마음챙김

　세수할 때, 청소할 때, 밥 먹을 때, 드라이브 할 때, 또는 쇼핑을 할 때와 같은 일상생활 속의 여러 활동 장면에도 마음챙김 명상을 응용할 수 있다. 매 순간순간 알아차림하는 능력을 키워 나가면 바로 즐거운 마음을 일에 담아 몰입할 수 있는 능력을 키워 갈 수 있을 뿐 아니라 힘들고 어려운 상황에서도 잘 알아차리고 잘 대처해 나가는 능력 또한 함양될 수 있다. 이런 알아차림 능력이 커지는 것이 바로 삶 속에서 행복감이 늘어나고 각성감이 증대되는 것이다.

　일상생활 속에서 즐거운 순간에 대한 알아차림 훈련은 제 2주 동안에 주어지는 숙제 가운데 즐거운(쾌) 사건에 대한 관찰 기록을 통해 가능하다. 이때 수련자에게 하루 한 가지씩 유쾌한 사건에 주목하여 이 쾌적인 사건과 관련되어 일어나는 생각, 감정, 그리고 감각을 기록

하도록 한다. 이와 유사하게 제3주에는 숙제로 불쾌한 사건에 대한 관찰을 주목하여 기록하게 한다. 쾌 및 불쾌에 관한 알아차림 연습은 쾌·불쾌와 관련되는 생각, 감정, 감각, 그리고 쾌·불쾌와 관련되는 심리적 현상과 행동 간의 관계성에 대한 습관적 반응 패턴을 이해할 수 있도록 하는 데도 도움을 줄 수 있다.

일상생활 속에서 호흡 명상을 간간이 실천하는 것도 좋다. 호흡 명상은 일상생활에서 끊임없이 변화하는 마음의 상태를 알아차림하는 능력을 길러 준다. 순간순간 자신의 호흡에 주의를 기울이면 자각 능력과 통찰 능력이 길러지는 반면, 타성적이고 자동적이며 비적응적인 행동은 점차 감소된다. 특히 일상생활 중에 마음이 불안하다거나 우울할 때 또는 몹시 당황하고 긴장될 때 마음챙김 호흡 명상을 하면 도움을 받을 수 있다.

● 마음챙김 훈련 Ⅵ : 종일 명상

종일 명상 회기는 일반적으로 제6주째에 열리게 된다. 이날 수련자는 정좌 명상, 걷기 명상, 몸 살피기, 그리고 요가 수행에 참여하게 된다. 지도자의 지시를 제외하고는 하루 종일 침묵 속에서 행해지는데, 이때 수련자들끼리 서로 말을 하지 못하게 할 뿐 아니라 눈도 마주치지 못하도록 한다. 어떤 수행자들은 이 날을 몹시 즐거워하고 마음도 이완된다고 하지만, 이렇게 즐거워하는 것이 이 날 수행의 목표는 아니다. 하루 동안 지금 이 순간에 머물면서 어떤 일이 일어나거나 알아차림하고 받아들이는 것이 이 날 수행의 목표이다.

정좌 명상을 할 때는 신체적 불편감이나 고통을 경험할 수도 있고, 평소에 숨기고 싶어 했던 어떤 감정이 표출되는 것을 느낄 수도 있다. 또 어떤 사람은 따분하고 불안한 마음을 느끼기도 하고, 하루 종일 일상을 온통 제쳐둔 채 명상을 하고 있다는 데 대한 일종의 죄의식 같은 것을 느끼기도 한다. 그러나 이날처럼 비교적 오랜 시간 동안 침묵 속에서 알아차림을 하다 보면, 보다 강력한 자아 각성이 이루어지는 좋은 기회가 되기도 한다.

이처럼 종일 명상은 다른 사람과의 대화, 독서, 또는 텔레비전 시청과 같은 일상적인 일에는 관여하지 않고 오직 자신의 경험 세계를 어떠한 판단도 없이 바라볼 수 있는 기회가 되어 준다. 침묵 속에서 알아차림을 체험하는 것이 어떤 수련자에게는 스트레스가 될 수도 있지만 다른 수련자에게는 즐거움이 될 수도 있다. 그러나 대부분의 수련자는 이날의 경험에 대해 유쾌한 것과 불쾌한 것이 혼합되어 나타난다고 말한다. 수련자들은 이날의 경험에서 "마땅히 무엇을 느껴야 한다."거나 "어떤 일이 마땅히 일어나야 한다." 따위의 기대감을 갖지 말고 오직 일어나는 대로 지켜보기만 하면 된다. 이날 수행의 마지막 집단 토의에서 수련자들은 그날 자신이 경험했던 것들에 관해 자유롭게 이야기하고, 지도자는 판단이나 해석 없이 따뜻하게 수용하고 공감해 준다.

마음챙김 명상의 심신 치유 효과

마음챙김 명상 수련에 있어서 몸 살피기와 정좌 명상과 같은 공식 명상은 매일 일정한 시간을 마련하여 최소한 45분 이상 꾸준하게 수행해 나가야 한다. 그러나 걷기 명상, 호흡 명상, 먹기 명상, 자비 명상과 같은 비공식 명상은 일상생활 속에서 틈틈이 실천해 나가면 된다.

무엇보다 중요한 것은 명상 실천과 더불어 평소 다음과 같은 일곱 가지 마음챙김 태도를 견지하고 함양하는 훈련을 강조하는 것이다.

첫째, 판단하지 않는다.
둘째, 인내심을 갖는다.
셋째, 초심을 유지한다.
넷째, 믿음을 가진다.
다섯째, 지나치게 애쓰지 않는다.
여섯째, 수용한다.
일곱째, 내려놓는다.

이 일곱 가지 마음챙김 태도를 일상 속에서 줄기차게 실천하는 것이 삶을 지혜롭게 살아가는 데 매우 중요하게 작용한다.

MBSR, 즉 마음챙김 명상을 성실하게 8주 이상 수련하면 다음과 같은 질병이 개선되고 삶의 질이 높아진다는 연구 결과들이 많이 발표되었다.

○ 두통, 요통, 견비통 등 만성통증의 증후가 개선된다.

○ 일반 불안 증후군과 공황 장애가 개선된다.

○ 우울증의 증후가 개선되고 재발률이 낮아진다.

○ 유방암, 전립선암 등을 앓고 있는 환자의 경우 면역 수치가 개선되고 암에 따르는 우울증, 불면증 등의 심리적 증세가 개선된다.

○ 대식증, 섬유근통증(fibro-myalgia), 불면증, 건선 등의 치료에 효과적이다.

환자 집단이 아닌 일반 학생, 주부, 최고경영자(CEO) 등이 MBSR을 8주간 수행하고 나면 다음과 같은 효과가 있다.

○ 우울과 불안이 최대 60퍼센트 정도 감소된다.

○ 자기 통제력과 자기 수용성이 유의미하게 증가한다.

○ 영성(spirituality)과 공감(empathy) 능력이 유의미하게 증가한다.

○ 강박증, 대인 민감성, 적개심, 공포감, 신체화 지수가 유의미하게 감소되어 심신이 건강해진다.

○ 긍정적 감정은 증가하고 부정적 감정은 감소되어 삶의 질이 개선되고 행복감이 증대된다.

이처럼 마음챙김 명상은 면역계의 기능 강화 등으로 신체의 여러 질병을 개선할 뿐만 아니라 불안, 우울, 적개심, 공포감, 대인 민감성 같은 부정적인 감정을 낮추고, 자기 통제력, 자기 수용감, 영성, 공감과 같은 긍정적 감정은 증가시킴으로써 심리적으로 건강하게 만들어 준다. 그렇다 보니 마음챙김 명상을 하면 삶의 질은 자연스레 높아진다. 한마디로 마음챙김 명상 수련은 삶의 고통(아픔)을 줄여 주고, 안락감(행복감)은 증강시켜 주어 행복한 삶으로 나아갈 수 있도록 개선시켜 주는 것이다. 따라서 마음챙김 명상이야말로 행복을 위한 훈련이고, 힐링을 위한 훈련이라 할 것이다.

제3부

명상의
치유와
과학

제12장

치료로서의 명상

명상의 치료적 의미

명상은 절대적 의미의 명상과 상대적 의미의 명상으로 구분할 수 있다. 전자의 명상은 모든 인간 존재의 제한성[苦]으로부터 완전히 벗어나 자유로운 경지, 즉 구경열반(究竟涅槃)에 이르는 것을 목적으로 한다. 그래서 수행 끝에 부처(Buddha), 아라한(Arahant), 보살(Bodhisattva)이 되는 것이 목표이다. 한편 후자의 명상은 한 개인의 존재를 제한시키는 지식, 사고, 가치, 감정 등에 바탕을 둔 주관적 편견에서 벗어나 보다 밝고 자유로운 모습으로 바뀌는 것을 목적으로 한다. 그래서 수행 끝에 아집과 편견에서 벗어나 보다 성숙하고 자유로운 인간이 되는 것을 목표로 삼는다. 전자의 명상을 종교적 수행 명상이라 한다면 후자의 명상은 심신의 치유 명상이라 할 수 있다.

오늘날 심리학이나 의학에서 언급하는 '치료로서의 명상'은 바로 상대적 의미의 명상, 즉 심신의 치유 명상에 속하는 것이다. 따라서 비교적 짧은 기간 동안의 명상 수련을 통하여 몸과 마음의 속박(스트레스)에서 오는 고통이 치유되고, 사고나 감정의 왜곡 없이 있는 그대로 느끼고, 마음의 동요가 줄어들어 마음과 몸이 평화롭고 안정된 모습을 보이는 것을 주된 목적으로 한다.

통증의학 전문의이면서 명상 치료 전문가인 칼샤(Khalsa) 박사는 명상의 치료 메커니즘에 대해 내분비 호르몬의 분비와 관련 있는 뇌 부위의 자극에 의한 것이라고 주장했다. 명상이나 요가는 변연계, 시상하부, 뇌하수체, 송과선을 비롯한 여러 내분비선의 기능을 자극하여 내분비 호르몬의 분비를 촉진하고, 부교감신경계의 작용을 활성화시킨다. 더불어 교감신경계의 기능을 억제하고 부교감신경계의 기능은 항진시키기 때문에 스트레스 반응을 낮추는 반면, 이완 반응을 증가시켜 몸과 마음의 평화와 안정을 가져온다.

명상이 치유에 효과적인 이유는 스트레스 반응은 낮추고 이완 반응은 증가시키기 때문이다. 따라서 명상의 치료적 의미를 논하기 위해서는 명상에 의해 일어나는 심리적·생리적 이완 반응 현상을 좀 더 자세하게 알아볼 필요가 있다.

명상과 이완 반응

우리 문화에서는 일찍부터 마음 수련이란 이름으로 단전호흡을 한다거나, 진언이나 다라니를 읊조리거나, 108배를 한다거나, 특정 화두를 잡고 참선을 하는 등 특정한 하나의 대상에 의식을 집중하여 수련하는 명상법이 전해져 왔다. 이처럼 하나의 대상이나 동작, 또는 무언가를 읊조리면서 마음을 집중하는 훈련을 함으로써 마음의 동요를 방지하고자 하는 수련을 집중 명상, 또는 사마타(samatha) 수행이라 한다. 사마타 수행은 하나의 대상에 대해 깊게 집중하여 안정에 이르게 하는 것으로, 그렇게 되면 욕망, 분노, 무지 등과 같은 마음의 고통이 떨어져 나가고, 고요함 속에 머물면서 행복감을 느끼게 해준다.

이러한 고요함 속에서 행복감을 느끼는 것을 현대 생리학이나 심리학에서는 항상성(homeostasis) 상태, 또는 이완 반응(relaxation response) 상태라 부른다. 이완 반응이 일어나면 몸과 마음이 안정되면서 심신의 기능이 최상의 상태로 회복되는데 이런 회복 현상을 일컬어 자기 치유(self-healing)라 한다. 이 현상이 바로 명상 수련에 의한 치유라고 할 수 있을 것이다.

집중 명상에 의한 이완 반응 효과를 의료에 처음 도입한 사람이 1975년 하버드 의대의 허버트 벤슨 교수이다. 그는 초월 명상(TM)에서 종교적 색깔을 없애고 이완 반응 명상이란 과학적 명상법을 개발했다. 이완 반응 명상을 수련하면 저각성 – 저대사 상태(low arousal hypometabolic state)가 나타나는데 이 상태는 부교감신경계의 활동이 우세해지는 반면 교감신경계의 활동은 감소된 것으로, "통합된 시상하부의 반응(an intergrated hypothalmic response)"이라고 불리운다.

이완 반응은 스트레스와 같은 괴로움 때문에 촉발되는 교감신경계의 과잉 반응이 명상 수련을 통해 감소되고, 부교감신경계의 기능이 우세해진 반응을 말한다. 이때 신체적으로는 근육이 이완되고, 심장 박동이 줄어들고, 호흡이 느려지며, 혈압이 내려가고, 느리고 규칙적인 뇌파인 알파파와 세타파가 두드러지게 출현하고, 체온이 내려가며, 신진대사가 줄어든다. 심리적으로는 편안하게 안정되며, 유쾌하고 낙천적인 상태를 보인다. 그래서 이완 반응이 우세하게 되면 스트레스에 따른 긴장과 흥분 반응을 낮추어 줌으로 심신이 안정되어 건강을 되찾게 된다.

이완 반응의 임상 효과

벤슨 박사는 만트라 수행과 유사한 집중 명상(이완 반응이라 부름)에 의해 일어나는 심신의 안정과 자신의 믿음과 관련 있는 만트라의 암송 효과가 결합되어 나타나는 신념 효과(faith factor)의 임상적 이득을 다음과 같이 요약하였다.(Benson : 2007)

○ 긴장성 메스꺼움, 구토, 설사, 변비에 효과
○ 과호흡증후군이나 호흡 곤란 등에 대처하는 효과
○ 두통, 요통, 견비통, 흉통 등 각종 통증의 경감 효과
○ 고혈압, 부정맥 같은 심혈관 질병에 대처하는 효과
○ 불면증 개선에 효과

○ 암의 보조 치료 효과

○ 전반적인 스트레스 폐해에 대한 대처 효과

○ 창의력, 주의 집중력의 증가 효과

　　종교적 또는 철학적 신념에 맞는 만트라(진언)를 선정하고, 심호흡과 함께 만트라를 암송하는 이완 반응 명상을 꾸준하게 실천하면 위에 언급한 신체적 또는 심리적 징후들이 점차 개선 또는 치료된다. 만트라 수행에 따른 개선 효과가 나타나는 데는 시간이 다소 걸리고, 반응 정도에 있어서도 개인차가 있다. 1~2주 수행해도 효과를 보인다는 경우도 있지만 1년 정도 수행을 거쳐야 효과가 난다는 경우도 있다. 대체로 보아 2개월에서 6개월 사이에 효과가 나타난다는 경우가 가장 많다. 눈에 띄는 효과가 나거나 아니면 미미한 효과를 보이거나 수행을 거듭해 나가면 위에 언급한 신체적·심리적 증후가 개선되면서 동시에 다음과 같은 효과가 나타난다.

○ 질병과 증상에 대한 염려가 줄어들면서 불안과 긴장의 악순환에서 벗어나 안정된 새로운 삶으로 태어난다.

○ 증상의 정도나 나타나는 빈도가 서서히 줄어들다가 종국에는 증상이 느껴지지 않는다.

○ 고통이 느껴지지 않는 기간이 길어져 가다가 나중엔 아예 고통이 느껴지지 않는다.

○ 증상이 아예 사라져 버리고 없어지거나 비록 남아 있다 하더라도

일상생활을 영위하는 데는 별 지장이 없는 정도로 줄어든다.

마음챙김 명상의 임상 효과

벤슨의 이완 반응 명상이 최초로 임상에 도입된 1975년부터 2000년까지 25년간 임상 분야에 적용된 명상은 거의 이완 반응 명상이었고, 미국 국립 보건원이 지원하는 연구비도 이 분야에 집중되었다. 그러나 21세기가 도래한 후부터는 메사추세츠 대학 의료원의 존 카밧진 박사가 개발한 "마음챙김에 기반한 스트레스 감소(Mindfulness Based Stress Reduction, MBSR)" 프로그램이 임상의 주류가 되었다. MBSR은 초기불교의 마음 수행인 사티(sati, 念) 수행에 기반을 두되, 종교적 색깔을 사용하지 않고 현대의학이나 심리학과 소통할 수 있는 프로그램으로 만든 것이다.

오늘날 마음챙김에 관한 임상적 또는 뇌과학적 연구 논문은 연간 1,500여 편을 상회할 정도로 많이 발표되고 있다. 여기서는 2010년에서 2015년 사이에 발표된 최신 임상 연구들을 다음과 같이 세 부분으로 크게 나누어 중요 결과만을 요약해 보았다. 첫째 부분은 마음챙김 수련이 심신 건강 전반에 미치는 유익한 효과, 둘째 부분은 마음챙김이 청소년과 대학생의 심신 건강과 학습 수행에 영향을 미치는 효과, 세 번째로 마음챙김을 산업 현장에 적용한 효과로 나누어 개관할 것이다.

● 마음챙김 수련이 심신 건강 전반에 미치는 유익한 효과

① 스트레스 감소 효과

마음챙김 명상의 핵심 기능은 알아차림을 통하여 스트레스의 유해한 효과를 낮춘다는 것이다. 많은 연구들이 현재 순간에 머물면서 알아차림을 강조하는 MBSR 프로그램이 스트레스 자극들에 적극적으로 반응하는 능력을 높인다고 보고하고 있다. 스트레스에 반응할 때 앞서의 이완 반응 수련보다 마음챙김 수련이 대체로 회피 반응을 적게 하는 대신 접근 반응은 더 많이 보인다고 한다. 마음챙김 수련이 스트레스를 대할 때 수동적으로 회피하는 것이 아니라 능동적으로 접근하여 적극적으로 대처하는 방식을 택한다는 뜻이다.

또한 마음챙김 수련은 스트레스 상황에서 정서 조절 능력을 높이고, 스트레스에 대응하는 적응 능력과 긍정적 감정을 고양시키는 능력을 높임으로써 스트레스의 폐해를 약화시키는 데 도움이 된다는 보고가 주를 이룬다. 이런 연구들은 마음챙김 명상이 스트레스에 잘 대처하고 적응하는 정서 조절 능력을 높임에 따라 심신 건강 전반에 효과가 있음을 보여 준다.

또한 스트레스 징후와 관련되는 것들 가운데 지속되는 불안감이나 걱정거리, 초조감, 흥분감, 친구나 가족들에게 불필요하게 시비를 건다거나 부산스런 마음, 자기 자신이나 남을 비판하는 태도, 따분한 감정, 집중 장애, 거친 피부, 수면 장애, 두통 등과 같은 제반 징후가 개선된다고 보고하고 있다.

마음챙김 명상이나 이완 반응 명상에 의해 심신이 이완되면 다

음과 같은 이점이 생긴다. 바로 두뇌 기능의 향상, 면역 기능 향상, 혈압 하강, 심박수 저하, 각성의 증가, 주의 집중력 증가, 명료한 사고의 증가, 불안 수준 감소, 안정감 및 내적 평온감의 증가, 연결감의 증가 등이다. 이러한 반응들은 몇 분간 눈을 감고 조용히 호흡하면 누구에게나 일어날 수 있는 것이기 때문에 쉽게 학습할 수 있는 것이기도 하다.

② 질병에 대한 대응 능력과 태도의 향상

최근 연구들에 의하면 마음챙김 명상 수련은 모든 징후들을 완전하게 개선하지는 못하지만, 암이나 만성질환으로 고통받고 있는 환자들이 자신의 질병을 보다 잘 관리할 수 있도록 태도와 능력에 도움을 줄 수 있다고 보고하고 있다. 예컨대 암 환자를 위해 마음챙김 프로그램을 운영하면, 환자의 스트레스 제반 징후를 낮추고 영성을 높이며, 외상 후 성장을 촉진하고, 활력감을 높인다는 결과가 있다. 또한 만성 허리 통증 환자의 경우 마음챙김 명상 수련을 하면 통상적인 여러 보조 치료법들보다 통증의 정도가 줄어들고, 스스로 독립적으로 활동할 수 있는 능력이나 태도가 월등하게 향상된다는 것과 통증에 대한 관심이 줄어들어 삶이 질도 개선된다는 점이 밝혀졌다.

그 밖에도 마음챙김, 요가 및 기타 명상법이 유방암 환자에게서 불안을 감소시키고, 외상 후 성장을 촉진시키고, 기력감과 영성까지 높인다는 보고도 있다.

③ 우울증의 증후 개선

마음챙김은 또한, 우울증 치료에도 효과적이라는 것이 널리 알려져 있다. 요가 수행과 비교해 봤을 때도 마음챙김 명상이 자기 연민감, 우울증 증후, 불안 및 스트레스를 보다 효과적으로 낮춘다는 보고가 있다.

이는 마음챙김을 하면 정서 조절 능력이 향상되기 때문에 나타나는 효과이다. 마음챙김은 강력한 부정적 정서를 만났을 때 이에 직접 맞서기보다는 한 발 물러나 그 정서를 확인하고, 그것을 회피하기보다 수용하는 편이 더 나을 것이라고 생각할 수 있도록 해준다. 이렇게 회피하지 않고 수용하여 대응하게 되면 자신의 정서를 보다 잘 조절할 수 있어 우울증에 보다 잘 대처하고 관리할 수 있게 된다.

마음챙김은 우울증의 가장 심각한 징후인 자살을 생각하고 있는 사람들을 다루는 데도 효과적이다. 자살을 염두에 두고 있는 만성 우울증 환자들이 자살에 대한 생각을 낮추는 데 마음챙김이 다른 어떤 방법들보다 더 효과적이었다는 보고가 있다.

④ 일반적 건강 행동의 개선

마음챙김은 정신 건강의 증진 외에도 일반적인 건강 행동 태도의 개선에도 도움을 준다. 예컨대 마음챙김 수행은 건강을 개선하는 데 도움이 되는 행동, 즉 신체 활동량을 증가시키거나 금주나 금연 같은 건강에 해로운 행동은 자제하고 정기적으로 건강검진을 받으려고 하게 하는 것 등의 행동을 더 잘 보여 준다. 또한 마음챙김 수행은 심혈

관계 문제를 가진 사람들이 금연을 하고, 신체 활동을 늘리고, 체중을 줄이는 활동을 많이 하도록 한다는 보고도 있다.

마음챙김 수련은 비판단적, 비반응적 태도를 함양하여 혈압을 낮추는 데 도움이 된다는 것을 보여 주기도 한다. 과체중 또는 비만 환자의 정신적·신체적 건강에 미치는 효과를 다룬 연구에서는 마음챙김이 체중 감소에 도움을 주고, 섭식 행동이나 섭식 태도를 개선하고, 우울과 불안과 같은 감정을 개선하는 데 도움이 된다고 말하기도 한다.

● 마음챙김이 청소년 또는 청년의 심신 건강에 미치는 영향

마음챙김 수련은 성인의 건강뿐만 아니라 청소년과 20대 대학생과 같은 청년들의 건강에도 도움을 준다. 청소년 또는 청년을 대상으로 마음챙김 수련의 효과를 알아본 연구들을 살펴보면 대부분 대학생을 대상으로 하지만 최근에는 초등학생을 대상으로 하는 연구도 눈에 띄게 늘어나고 있다.

먼저 대학생을 대상으로 한 연구들을 살펴보면, 의과대 학생이나 심리학과 학생을 대상으로 한 연구가 많다. 이런 연구들에서는 마음챙김을 수련한 대학생들의 경우, 자극에 대한 반응의 민감성은 줄어들지만 호기심, 감정의 절제, 참을성과 자기 수용감은 오히려 늘어나며, 인간관계의 질이 개선되었음을 보여 준다.

일반적으로 대학생들은 학업이나 취업 같은 문제나 이성과의 관계에서 생기는 문제들을 알코올 섭취로 해결하려고 하는, 건강하지

않은 행동을 자주 보인다. 그러나 마음챙김 수련은 대학생들이 당면한 문제를 알코올 섭취로 해결하려고 하는 대신, 다른 건강한 행동을 택하도록 하는 데 도움을 준다. 즉 마음챙김은 알코올 섭취로 인해 우울감이 늘어나는 것을 예방하는 데 도움을 주고, 자기 통제감이나 활력감 같은 감정 조절 능력을 증가시켜 알코올 과다 섭취로 인한 우울감을 낮추는 데 도움을 준다.

다음으로 초등학생들을 대상으로 한 연구를 살펴보자.

초등학생들이 가진 문제는 대학생의 그것과 판이하게 다를 수 있지만 마음챙김 수련의 효과는 여러 가지 면에서 긍정적인 결과를 보여 준다. 가장 두드러진 효과는 마음챙김 훈련이 학생들의 학업 성적을 높이는 데 도움을 줄 수 있다는 것이다.

이런 결과가 어떤 특정 그룹에 국한되는 것은 아니다. 마음챙김 훈련을 받은 초등학생들은 친사회적 행동, 감정 조절 능력 증가, 그리고 학업 성적 상승 등과 같은 긍정적 결과를 보여 주었고, 우울감이나 불안감 같은 부정적 정서가 줄어들었다. 한편 저소득층의 아동들을 대상으로 한 5주 마음챙김 훈련에서도 참여 아동들의 스트레스는 줄어들고, 주의 집중력이 증가되었다고 보고하고 있다. 비슷한 예로 마음챙김 수련에 참가한 도시 출신의 남자 아이들을 대상으로 한 연구에서도 참여 아동들이 스트레스, 불안과 부정적인 감정에 대한 대처감은 줄어들었지만, 학업 스트레스에 대처하는 능력은 향상되었고, 학업 성적도 더 좋아졌다는 결과가 있다.

● 작업(산업) 현장에서 마음챙김의 효과

작업 현장에서 마음챙김이 어떤 효과가 있는지에 대해서는 이제 막 관심을 가지고 왕성하게 연구되기 시작한 참이다. 그중 마음챙김에 따른 몇 가지 이점을 다음과 같이 정리한다.

첫째, 마음챙김이 작업과 관련된 스트레스나 삶의 괴로움을 낮추는 효과가 있음이 보고되고 있다. 8주보다 짧은 간편형의 마음챙김 수련에 참여한 콜센터 직원들은 스트레스, 불안, 우울, 피로, 그리고 부정적 감정들이 줄어들고, 작업에 대한 만족감이 크게 늘어났다고 보고했다. 온라인 강의로 마음챙김을 학습한 어떤 화학 회사의 직원들은 스트레스를 덜 느끼게 되었고, 회복 탄력감과 기력은 보다 증가하였다는 보고가 있다.

정신 건강상 문제를 보이는 직원들을 대상으로 마음챙김을 수련하게 한 결과 이들은 스트레스, 피로, 그리고 심리적 괴로움이 줄어들었다고 응답했다. 공공 부문에서 일하는 사람들을 대상으로 마음챙김 훈련을 한 경우에도 스트레스를 덜 느끼고, 심리적 괴로움이 줄어들었으며, 친사회적 행동과 삶의 질은 높아졌다고 보고했다.

둘째, 마음챙김 수련은 이직률을 낮추고 스트레스로 인한 소진 상태를 방지하는 데 도움이 된다고 보고했다. 마음챙김 수련은 고된 작업과 스트레스로 인해 소진 상태가 발생하지 않도록 그 사이에서 완충 역할을 해준다. 또한 마음챙김을 많이 한 사람일수록 이직하는 비율이 낮아진다는 결과가 있다. 마음챙김 수련을 하면 소진 상태가 일어나는 것을 예방해 줄 수 있기 때문에 이직률이 감소된다고 해석

할 수도 있을 것이다.

　여하간 마음챙김과 이직률 간에는 부적(負的) 상관이 존재한다는 연구도 있기 때문에 이직률을 줄이고, 소진 상태 역시 줄이기 위해서는 마음챙김 수련이 필요하다고 생각된다. 확실한 것은 마음챙김 수련이 직원 개인뿐만 아니라 그들이 일하는 직장(회사)에도 도움이 된다는 점이다.

제13장

명상으로
달라진 뇌

명상에 대한 과학자들의 관심

명상에 관한 과학적 연구가 활발하게 이루어지게 된 것은 1993년 미국 국립 보건원(NIH) 산하의 대체의학 연구소(OAM)에서 명상의 의학적 연구를 위해 공식적으로 연구비를 지원한 이후부터이다.

　　서장에서 필자는 21세기에 들어오면서 명상의 과학적 연구에 관한 관심을 반영하는 지표로 명상을 표제로 다룬 주요 시사지의 예를 들었다. 2003년 8월 3일자《타임》은 "명상의 과학"이라는 제목의 기사를 실었다. 이는 곧 명상은 더 이상 신비주의적이고 영적인 대상이 아니라 뇌와 몸과 마음을 바꾸는 실제적인 과학의 연구 대상이란 선언이다.《뉴스위크》는 2005년 9월 특별호로 "마음챙김"을 표제로 삼았는데 여기서는 명상의 대명사가 "마음챙김"이고, 몸과 마음의 병을 치료하는 중요 수단으로써 마음챙김 명상을 강조하였다.

그 후 10여 년이 지난 2015년 2월 3일자 《타임》은 "마음챙김 혁명"이라는 표지 기사를 게재했다. 마음챙김이 한 개인의 마음과 몸의 변화뿐만 아니라 온 세상을 새롭게 바꾸어 놓는다는, 명상의 엄청난 영향을 강조한 것이다. 2015년 10월 미국 심리학회지 《아메리칸 사이콜로지스트(American Psychologist)》는 "마음챙김이 치료가 된 시대"라는 제목의 특집을 다루었는데, 이것은 마음챙김이 새로운 치료의 수단으로 등장하였음을 알리는 것이다. 이제 초기불교 수행법인 마음챙김 명상이 수행의 단계에 머물고 있는 것이 아니라 세상을 변혁시키고, 세상 사람의 아픔을 다스리는 주류의 치료법의 하나가 되었다는 것이다.

2009년 한국을 방문한, 하버드 의과대학에서 심리 치료를 가르치는 거머 교수는 "마음챙김"이라는 초기불교의 마음 수행이 미국 심리 치료의 주 세력으로 떠올랐으며, 심리치료사의 40퍼센트 이상이 이 명상법을 사용하고 있다고 했다. 그리고 최근 5년간 집계한 바에 따르면 마음챙김과 관계가 있는 연구 논문도 매년 평균 1,500여 편 정도가 보고되고 있다. 더구나 마음챙김에 바탕을 둔 MBSR, MBCT, DBT, ACT, MBRE 등 모두 720여 개의 프로그램이 각종 정신질환 환자의 심리 치료와 암, 심장병, 만성 통증 등을 비롯한 만성병 환자의 치료와 학교 수업 현장, 산업 현장, 또는 군사 현장에 이르기까지 여러 방면에서 새로운 치료법으로 각광을 받고 있다.

이런 현상이 일어나는 가장 커다란 이유는 마음챙김 명상을 하면 뇌에 변화가 일어난다고 하는 과학적 증거들이 급격하게 늘어났기 때문이다. 더불어 명상에 의해 일어나는 마음과 몸의 긍정적 변화를 뇌과학적 증거와 연계해 설명하고 이해할 수 있는 튼튼한 기반 역시 마련되었다. 그러면 최근 이루어진 명상 수행에 수반하는 뇌 기능의 변화와 뇌 구조상의 변화를 개관해 보자.

마음의 변화에 따른 뇌 활동의 변화

21세기에 들어와 기능성 자기공명 영상(fMRI) 장치가 개발되어 명상이나 이완, 또는 일반적인 휴식 상태에서 일어나는 두뇌 활동의 신비를 실시간으로 밝힐 수 있게 되었다. 기능성 자기공명 영상 장치는 특정한 순간 뇌의 여러 부위로 혈액이 흘러가는 상황을 정확하게 보여줌으로써 순간순간 특정 뇌 부위가 어떤 활동을 하고 있는가를 생생하게 알아볼 수 있도록 해준다.

하버드 의대 허버트 벤슨 박사팀은 기능성 자기공명 영상 연구를 통해 집중 명상에 수반되는 이완 반응이 심리·생리학적 개념을 더욱 넓혀 본격적 명상 단계에 이르면 "안정/동요(calm/commotion)"라는 모순적인 상태가 뇌 속에서 동시적으로 일어난다는 사실을 설명하였다. 이런 안정/동요 현상은 명상 도중 통찰이 일어날 때 나타나는데 다시 말해 과거부터 지속되어 오던 정신적, 또는 정서적 타성의 벽이 깨뜨려지는 순간 나타난다는 것이다. 또한 타성의 벽을 깨뜨리는 데는 일산화질소(Nitric Oxide, NO)라는 기체성 물질이 매개가 된다. 벤슨 박사는 통찰이 발생하면 뇌의 전반적 활동성은 감소되어 조용해지지만 혈압이나 심장 박동, 호흡의 조정과 관련 있는 뇌 부위의 활동과 주의 집중, 공간 – 시간 개념이나 의사 결정의 조정과 관련 있는 뇌 부위의 활동은 오히려 증가한다고 하였다.

다시 말해 명상하는 동안 평소 머리를 아프게 하던 난제가 풀리는 통찰적 상황(breakout)이 발생하면 대부분의 뇌 부위 활동은 줄어들지만(잡념이 줄어든다는 뜻), 주의나 각성을 담당하는 뇌 부위나 평화감이나 이완감을 일으키는 부교감신경계의 작용을 담당하는 뇌 부위의 활동은 오히려 증가한다. 그래서 한쪽은 안정, 또 다른 쪽은 활성을 동시에 보이는 "안정/동요"의 상황이 뇌 속에서 일어나는 것이다. 선(禪)에서 말하는 성성적적(惺惺寂寂)의 경지일 때 일어나는 뇌 활동의 모습이라고도 볼 수 있지 않을까.

뇌 반구의 기능을 바꾸어 감정 장애를 치료한다

위스콘신 대학의 심리학자 리처드 데이비드슨 박사는 지난 20여 년 동안 기능성 자기공명 영상(fMRI)과 뇌파도(EEG)를 사용하여 감정을 지배하는 뇌 부위를 확인하려 하였다. 그렇게 오랜 기간 동안 수백 명의 피험자를 대상으로 연구한 결과 일반적으로 사람들이 불안이나 분노, 우울과 같은 불쾌한 감정을 느낄 때 활성을 보이는 뇌 부위가 스트레스를 느끼는 동안 심한 경계 반응을 보이는 변연계의 편도체와 우측 전전두피질이라는 것이 관찰되었다. 또한 이와는 반대로, 사람들의 마음이 즐겁고 낙천적이고, 열정에 차 있고 기력이 넘치는 긍정적 상태일 때는 평소 조용하던 좌측 전전두피질이 활기를 띤다는 것을 관찰하였다.

데이비드슨 박사는 좌우 전전두피질의 기저 수준 활동성을 알아보면 한 개인의 전형적인 감정 상태를 알아볼 수 있다고 주장했다. 즉 좌우 전전두피질의 활동 비율을 알아보면 매일 매일의 감정 상태를 알아볼 수 있다는 것이다. 오른쪽 반구 전전두피질의 활동 비율이 높으면 염세적이고 불행감과 고민이 많고, 왼쪽 반구 전전두피질의 활동 비율이 높으면 낙천적이고 행복감과 열정에 차 있다는 뜻이다. 데이비드슨 박사는 극단적으로 오른쪽 전전두피질 쪽으로 활동성이 기울어져 있는 사람은 비교적 소수이지만 이런 사람들은 임상적으로 우울증이나 불안 장애를 보이는 사람들이고, 반대로 왼쪽 전전두피질 쪽으로 심하게 기울어져 있는 사람들은 낙천성을 보이는 매우 행복한 사람들이라고 말한다.

프랑스 출신의 티베트 불교 스님이면서 분자생물학 박사인 마티유 리카르 스님은 인도와 네팔에서 명상을 30년 이상 수련하였는데 몸에서 광채가 나와서 사람들이 이 스님을 뵙기만 해도 저절로 행복감을 느낀다고 한다. 그래서 사람들은 이 스님을 '행복한 게쉐(happy gesche)'라고 불렀다. 이 스님이 자비 명상을 하고 있을 때 기능성 자기 공명 영상 장치로 뇌를 촬영해 보면 왼쪽 전전두엽이 오른쪽 부위에 비해 99.7퍼센트가 더 활성화되어 있다고 한다. '행복한 게쉐' 스님의

좌측 전전두엽의 압도적인 활동 우세성은 수십 년간 수행한 명상 덕
분이다.

　그밖에 적게는 1만 시간, 많게는 5만 5천 시간 정도 명상 수행을
해온 175명의 티베트 승려를 기능성 자기공명 영상 장치로 뇌 영상을
촬영한 데이비드슨 박사의 연구에 의하면 하나의 예외도 없이 모두
좌측 전전두엽의 활동이 우측 전전두엽에 비해 우세하였다고 한다.
이처럼 줄기차게 명상 수행을 하면 뇌 반구의 활동성이 우측 전전두
피질의 우세에서 좌측 전전두피질의 우세로 바꿔놓아 열정적이고 낙
천적이며, 행복한 마음으로 바뀌게 된다. 명상을 하면 마음이 행복해
진다는 것을 뇌과학의 입장에서 처음 입증한 이 연구를 통해 명상이
곧 어두운 마음에서 밝은 마음으로 바꾸어 주는 심리 치료임이 증명
된 것이다.

　한편 전문 수행자가 아닌 보통 사람들을 대상으로 짧게는 두 달
(8주)에서 많게는 1년 정도 마음챙김 명상을 수행하면 좌측 전전두엽
의 기능이 우측 전전두엽에 비해 우세해지고 우울감이 행복감으로 바
뀐다는 연구 결과가 선보이고 있다. 예컨대 하버드 대학 심리학자인
사라 라자르 박사 등은 법관, 언론인과 같은 지식인을 대상으로 한 연
구를 통해 하루 40분씩 짧게는 60일, 길게는 1년 정도 마음챙김 명상
을 하게 하면 스트레스가 감소되어 기분이 좋아지고, 사고가 명료해
지며, 어려운 상황에 처해도 잘 흔들리지 않고, 주의 초점을 잘 유지할
수 있게 되어 보다 행복해졌다고 보고하고 있다.

　한편 카밧진과 데이비드슨은 마음챙김 명상에 기반을 둔 스트레

스 감소 프로그램, 즉 MBSR을 스트레스가 심한 생명 공학 회사 직원들에게 일주일에 3시간씩 두 달간 수련하게 했다. 수행에 참가한 피험자들은 그 전에 명상에 관해 전혀 알지 못했고 어떤 마음 수행에도 참여한 적이 없는 초심자들이었다. 이들은 명상을 하기 전에는 오른쪽 전전두피질 쪽으로 활동성이 기울어져 있었고 동시에 심한 스트레스를 받는다고 불평했다. 그러나 2개월간의 명상 수행이 끝나자 오른쪽 전전두피질의 우세함에서 왼쪽 전전두피질의 우세로 변화되었고 이와 동시에 이들의 기분도 유쾌하고 낙천적으로 개선되어 하는 일에 보다 열성적이고 불안 없이 참여할 수 있었다고 보고하였다.

또 하나의 유익한 발견은 마음챙김 명상이 면역 기능도 강화시킨다는 것이다. 독감 바이러스 주사를 맞고 난 후 혈액 속 항체 양을 측정, 비교해 보았을 때 명상을 한 사람들은 면역 체계가 보다 강화되었으며, 또 독감에 걸리더라도 증상이 경미하다는 결과가 나타났다. 이를 통해 감정의 결정점이 오른쪽 전전두피질에 비해 왼쪽 전전두피질 쪽으로 많이 기울어진 사람일수록 면역 측정치가 더 많이 상승되는 것이 밝혀졌다. 이 실험 결과는 8주간이라는 짧은 기간의 마음챙김 명상도 뇌 기능을 우측 전전두피질에서 좌측 전전두피질로 우세성을 바꾸어 심리 치료 효과와 면역 기능이 상승되는 신체 치료 효과를 보여준다는 증거를 얻었다.

명상이 뇌의 구조를 바꾼다

"신경가소성(neuroplasticity)"이란 뇌의 신경회로나 뉴런이 외부의 자극이나 새로운 학습 경험들에 의해 그 구조와 기능이 변화되고 재조직화되는 현상을 말한다. 극히 최근에 들어서야 명상과 같은 마음 수련을 하면 뇌의 구조나 기능이 달라진다는 것이 알려지면서 신경가소성은 전 세계적으로 초미의 관심을 끌고 있다.

명상을 하면 수행자는 옛날과는 사뭇 다른 방식으로 감각을 느끼고, 감정이나 생각을 알아차림하는 새로운 경험을 하게 된다. 특히 마음챙김 명상을 하는 경우 지금 여기서 경험하는 것에 대해 판단하지 않고 인내심을 가진 채, 초심자의 마음으로, 자신에 대한 믿음을 갖고, 지나치게 애쓰지 않고, 적극적으로 수용하고 내려놓는 등 가능한 있는 그대로 느끼고 받아들이는 훈련을 하게 된다. 이러한 마음챙김 명상 훈련은 감각, 감정 또는 생각의 방식이 기존과 판이한 것이므로 이런 새로운 방식의 훈련으로 새로운 메시지를 받은 뇌 역시 판이하게 바뀌어 나갈 것이라고 기대할 수 있다.

이런 가능성은 2011년경 하버드 의대 정신과와 매사추세츠 종합병원에 연구원으로 있던 휠젤(Hölzel)과 라자르 박사 등에 의해 본격적으로 연구되기 시작되었다. 이들은 새로운 방식으로 사물을 보고 느끼고 생각하는 마음챙김 명상을 하면 학습이나 기억, 자기 인식, 공감 또는 자애감 등을 담당하는 특정 뇌 부위에 구조적으로 변화가 일어날 것이란 가설을 설정했다.

이들은 우선 8주 동안 진행하는 MBSR 프로그램에 참여하기 전과 후에 각각 자기공명 영상(MRI)으로 피험자 16명의 뇌 구조를 촬영하였다. 명상을 하지 않고 쉬는 통제 집단의 피험자 16명도 같은 시기 자기공명 영상으로 뇌를 촬영하였다. 결론을 말하면, MBSR 명상 프로그램을 수행한 피험자들은 학습과 기억에 중요한 뇌 부위로 간주되는 해마에서 회백질(gray matter)의 밀도가 유의미하게 증가했고, 자각(self-awareness), 자애 및 자기 성찰, 또는 내성을 담당하는 뇌 부위들의 회백질 밀도도 늘어났다. 이러한 부위에서 회백질의 밀도가 늘어났다 함은 뇌 세포체의 덩치가 더 커졌다는 것을 의미하며, 이는 이 부위에 있는 뇌 세포들이 새로운 자극을 많이 받아 많은 활동을 했다는 것을 의미한다.

또한 마음챙김 명상에 참여했던 피험자들이 주관적으로 느끼는 스트레스 정도가 감소하였다고 보고되었는데 이것은 이들에게 스트레스를 야기하고 불안을 일으키게 하는 중요 뇌 구조인 편도체의 회백질 밀도 감소와 상관이 있었다. 그러나 자각이나 공감에 중요한 역할을 하는 뇌 구조인 섬피질에서는 명상 후 유의미한 변화를 관찰하지 못했는데, 연구팀은 이곳에서 유의미한 변화를 보일 정도가 되려면 명상 기간이 좀 더 길어야 할 것이라고 예측하였다.

이 실험을 주도한 휄젤 박사는 "명상에 참여하여 뇌를 변화시킴으로써 삶의 질을 높이고, 안녕감을 높일 수 있다는 것은 실로 놀라운 일이다."라고 언급했다.

이 실험의 결과, 즉 마음챙김에 기반한 단기간(8주)의 명상 수련에 의해 뇌 구조에 양적으로 변화가 일어났다는 결과는 매우 의미 있는 것이다. 명상 경험이 전혀 없는 피험자들을 명상군과 통제군으로 나눈 후, 명상을 수행한 집단에서만 변화를 발견했고 통제군에서는 어떤 변화도 관찰되지 않았다는 것은 거의 완벽하게 통제하여 진행한 실험이라는 의미이기 때문이다. 그러므로 그 결과의 신뢰성 역시 높을 수밖에 없다.

이 연구가 발표된 후에도 장기간에 걸쳐 마음챙김 명상을 하면 심장과 호흡 기능을 통제하는 데 중요한 뇌 부위인 뇌간의 회백질 밀도를 높인다는 연구 결과나 뇌 속의 다양한 부위를 서로 연결하는 신경섬유의 다발로 구성된 백질의 양적 팽대가 관찰된다는 연구 결과도 보고되었다.

마음챙김 명상 수련으로 뇌가 달라진다는 연구 결과들을 정리해 보면 결국 마음챙김 명상을 통해 알아차림, 정서 조절, 자기 조절, 학습 및 기억, 공감이나 연민(자애) 같은 심리적 기능에 중요한 역할을 담당하는 뇌 부위들, 예컨대 전전두피질, 전방대상피질, 후방대상피질, 해마, 섬피질, 편도체, 두정측두경계피질 등에 구조적으로 변화가 일어난다.

2014년 브리티시컬럼비아 대학의 폭스(Fox) 박사 등은 '마음챙김 명상이 뇌를 바꾼다'는 결과를 보고한 전 세계 20여 개 연구실의 논문을 모아 메타 분석을 해보았다. 그 결과 마음챙김 명상을 하면 최소 여덟 군데의 뇌 부위에서 변화가 일어난다는 것을 확인하였다. 2015년 콩글턴(Congleton), 휄젤, 라자르 박사는 변화가 일어난 뇌 부위 여덟 군데 가운데 스트레스에 잘 견디고 신속하고 정확하게 의사결정을 내려야 할 현대 사회의 리더들에게 특히 중요한 뇌 부위로 전방대상피질과 해마를 들어 《하버드 비즈니스 리뷰(Havard Business Review)》에 "명상이 과연 뇌를 바꿀 수 있는가?"라는 논문을 기고했다. 이 두 부위가 특별하게 중요한 이유를 살펴보기로 하자.

전방대상피질(ACC)이라는 뇌 부위는 전두엽의 바로 아래 부위 안쪽 깊숙한 곳에 위치한다. 이곳은 자기 조절과 관련 있는 뇌 부위이다. 예컨대 의도를 견지하면서 자신의 주의나 행동의 진행 과정을 지켜보도록 지시하며, 부적절한 반응이 일어나는 것을 알아차려 바로잡고, 필요에 따라 탄력적으로 전략을 바꾸도록 명령하는 역할을 담당한다. 만약 이 부위가 종양 따위로 손상이 되면 행동이 통제되지 않아 충동적이 되고, 마구잡이 식으로 공격성을 보인다. 또 전방대상피질과 다른 뇌 영역들 사이를 연결하는 신경 연결망에 장애가 있으면 정신적 탄력성 검사에서 불량한 성적을 보인다. 즉 적응하여 행동하기보다는 비효율적인 문제 해결 전략을 고수하려고 한다.

한편 명상 수련자들은 비명상가들에 비해 집중을 방해하는 요인들을 잘 통제함으로써 문제 해결력을 높인다. 또한 명상가들은 비명상가들에 비해 이 피질(ACC)의 기저활동성이 더 높다. ACC는 자기 조절 기능 외에도 과거 경험을 바탕으로 최상의 의사 결정을 내릴 수 있도록 뒷받침해 주는 학습 능력과도 관련 있는 곳이다. 그러므로 ACC는 불확실하고 급속하게 변화하는 상황 속에서 신속하고 정확하게 의사 결정을 해야 할 현대 사회의 리더들에게 매우 중요한 뇌 부위라고 할 수 있다.

다음으로 중요한 뇌 부위는 해마(hippocampus)이다. 해마라는 뇌 부위는 마치 바다에 사는 물고기 해마(sea horse)처럼 생겼다는 데서 이름이 유래되었다. 측두엽 안쪽에 묻혀 있는 이 부위는 변연계를 이루는 중요 부위로, 정서 조절과 기억 형성에 결정적인 역할을 담당한다. 또한 해마에서는 새로운 뇌 세포, 즉 뉴런이 생산되기도 한다. 해마는 스트레스 호르몬인 코티솔을 받아들이는 수용체로 표면이 덮여 있기 때문에 만성 스트레스를 받아 코티솔이 분비되면 손상되기 쉽다. 그래서 해마는 뇌 속에 있는 "독소를 빨아들이는 소용돌이"라고도 일컬어진다. 사실 우울증이나 외상 후 스트레스 장애와 같이 만성 스트레스를 가지고 있는 사람들은 해마가 양적으로 심하게 위축되어 있는 경우가 많다. 만성 스트레스에 의해 해마가 위축되면 해마의 기억 형성 능력은 치명적으로 손상받기 때문에 치매가 발생될 확률이 매우 높다. 이른바 "치매 발생의 코티솔 관련 이론"이라고 하는 로버트 사폴스키(Robert Sapolski) 박사의 이론은 바로 이런 근거에서 나온 것이다.

해마의 기능 가운데 중요하게 언급되는 또 하나는 해마가 뇌의 회복 탄력성(resilience)과 관련 있는 중추라는 것이다. 오늘날처럼 고도의 스트레스에 짓눌려 피로에 지친 현대인들에게 회복 탄력성은 무엇보다 중요한 능력이다. 따라서 만성화된 스트레스에 적절하게 대처하고 적응하기 위해서는 건강한 해마를 유지해 가는 것이 뇌 건강을 위해 무엇보다 중요하다. 따라서 마음챙김 수련을 통해 해마의 회백질 밀도를 높이는 것이 바로 건강하고 활기찬 뇌를 만드는 기본 과제라 할 것이다.

'명상이 뇌를 바꾼다'는 연구 주제는 이제 막 시작된 것에 불과하다. 따라서 몇몇 소수의 잘 통제된 실험을 제외하고선 연구 방법에 문제가 많다는 지적도 있고, 얻어진 결과를 지나치게 과장하여 해석한다는 지적도 있다. 또한 명상을 통해 뇌가 변화되는 데 관여하는 메커니즘도 보다 소상하게 밝혀져야 하는 등 부족한 점이 있다.

그러나 한 가지 분명한 것은 이제 명상은 "하면 좋은 것"이라는 인식 대신 "반드시 해야만 할 일"이란 사실이 분명해졌다는 점이다. 우리의 소중한 뇌를 건강하게 유지하고, 자기의 마음을 알아차리고, 잘 조절하고, 효율적으로 의사 결정을 내리고, 스트레스로부터 자신을 지키고 건강한 인지력과 기억력을 유지하기 위해서는 명상을 습관화해야 할 것이다.

부록

간략히 보는
마음챙김
명상

내 몸과 마음을 변화시키는 명상

비틀즈나 리처드 기어와 같은 유명 연예인부터 농구 선수 마이클 조던, 수영 선수 펠프스, 스티브 잡스와 같은 글로벌 기업의 CEO 등 다양한 계층의 유명인이 명상을 하고 있다고 알려지면서 사람들의 흥미를 끌고 있다.

그렇다면 명상 수련이 대체 어떤 효과가 있기에 사람들이 이렇게 열광하는 것일까? 지금까지 밝혀진 것만 언급해 보아도 명상을 했을 때 얻을 수 있는 효과는 크게 세 종류로 나누어 볼 수 있다.

먼저, 당연하지만 영성적 이득이다. 종교적 수련 방법 가운데 하나인 명상을 하게 되면 존재감, 관용성, 이타성을 기르고 집착이 사라진다. 신체적으로는 몸이 건강해지고 질병이 치유되며, 정서적·심리적으로는 마음이 건강해지고 인간관계가 개선되며 집중력과 학습 능력, 기억력, 창의력이 증가한다.

우리가 명상이라 하면 떠올리는 것은 앉아서 하는 '좌선 명상'이지만, 마음을 어떻게 다스리는지, 그 방법에 따라 명상은 여러 가지로 나뉜다. 그중 사람들이 많이 하는 것이 집중 명상, 마음챙김 명상, 자애(자비) 명상이다. 집중 명상은 말 그대로 마음을 한 군데 집중하여 하는 명상이다. 마음챙김 명상은 지금 현재 내 마음을 알아차리는 것을 목표로 한다. 자애(자비) 명상은 온 세상 모든 존재가 행복하길 바라는 따뜻한 마음을 키워 준다.

각각의 명상 방법마다 각기 다른 특징과 장점이 있지만, 여기서는 마음챙김 명상을 중심으로 소개하고자 한다. 종교성은 배제하고 수련 방법의 표준화가 이루어진 마음챙김 명상은 과학적 연구가 활발히 진행되면서 그 효과를 증명하고 있기 때문이다.

마음챙김 명상

'마음챙김'이라는 명칭은 그 유래가 되는 빨리어 '사티(sati)'를 가리키는 영어 '마인드풀니스(mindfulness)'를 번역한 것이다. 사티는 한자로는 '생각하다', '(마음에) 두다'라는 염(念)을 의미하고, 영어로는 알아차림(awareness), 주의(attention), 기억함(rememberring)을 뜻한다.

존 카밧진은 마음챙김에 대해 '의도를 가지고, 특별한 방식으로, 현재 순간에, 비판단적으로 주의를 기울이는 것'이라고 정의한다. 즉,

순간순간(moment to moment) 판단하지 않은 채(non-judgmental) 깨어 있는 마음을 유지(awareness)하는 것이다. 다른 말로 하면 '지금 이 순간(今), 이곳 또는 여기(處)에서 일어나는 경험에 마음을 연다(心)'는 것이 된다. 그래서 마음챙김을 한자로는 '염처(念處)'라고 한다. 순수하게 주의(bare attention)를 기울여, 선택 없이 알아차림하는 것이 바로 '마음챙김'이다.

현대 마음챙김 명상 가운데 대표적인 것이 바로 '마음챙김에 기반을 둔 스트레스 감소(Mindfulness Based Stress Reduction)' 프로그램, 즉 MBSR이다. 초기불교 수행법 중 하나인 위빠사나에 바탕을 둔 스트레스 감소 프로그램으로, 1979년 존 카밧진이 매사추세츠 대학 의료원에서 트레이닝 프로그램으로 개설하면서 시작되었다가 1990년대 들어 MBSR로 명명되었다.

존 카밧진은 대부분의 질병은 마음(태도나 감정)에서 발생한다고 보았다. 그래서 태도와 감정을 바꾸면 질병이 낫게 될 것이고, 그 방법으로 내 마음에서 일어나는 반응에 대해 불필요한 판단이나 해석 없이, '있는 그대로 바라보고 수용하면 개선'될 것이라고 보았다. 이 방법을 통해 개선될 수 있는 질병이란 바로 만성통증이나 불안, 우울 등으로 인한 질병이다. 자신의 질병에 대해 해석이나 판단, 절망감, 자기비판이 줄어들면 저절로 치유될 수밖에 없다.

존 카밧진의 견해가 담긴 책이 바로 1990년 출간된 *Full Catastrophe Living*(번역서명 『명상과 자기치유』)으로, 명상이 종교적 의미만이 아니라 의학적 '치료'로 받아들여지게 되는 결정적인 계기를 만들어 주었다. 그 결과 2014년에는 전 세계적으로 900여 곳의 MBSR 센터가 자리 잡기에 이르렀다.

현재까지도 마음챙김에 대한 연구는 활발하게 이루어지고 있다. 뇌과학 분야에서는 마음챙김이 뇌를 어떻게 변화시키는지에 주목, 이에 대한 연구를 계속하고 있다. 지금까지 밝혀진 바로는 마음챙김을 하게 되면 좌반구 전전두엽이 우반구 전전두엽보다 활동 면에서 우세함을 보이게 된다. 그렇게 되면 낙천성과 긍정성, 행복감이 증가한다. 공감과 연민, 인지를 담당하는 뇌 피질 부위의 두께 역시 증가하는 동시에 감마파가 증가하며 뇌 피질의 공조성과 주의 집중력 역시 증가하였다. 그리고 행복감을 매개하는 세로토닌과 쾌감, 보상감을 매개하는 도파민의 분비가 증가하였다.

한편 유방암과 전립선암을 앓고 있는 환자를 대상으로 한 연구에서는 마음챙김을 한 환자의 경우 신체의 면역 활동이 증가하고 수명의 질이 향상되었음을 확인하였다. 이로써 마음챙김이 암 치료의 보조 요법으로도 충분한 역할을 할 수 있음이 증명되었다.

이러한 신체적 질병 외에 불안신경증과 강박신경증, 자기애적 환자의 경우에는 전통적인 정신 치료와 마음챙김을 병행했을 때 정신 치료만 받는 경우보다 치료 효과가 더 양호함이 증명되었다. 이로써 마음챙김은 인지 행동 치료의 "제3물결"로 인식되기에 이르렀다.

만성통증 환자나 유방암, 전립선암 환자를 대상으로 마음챙김을 진행했을 때도 불안과 우울, 강박, 민감성, 적개심, 공포감 등 부정적 정서를 개선해 주어 치료에 효과를 보였다. 그리고 텔로메라제의 활성을 30퍼센트 가량 높여 줌으로써 노화를 방지하여 생명 연장 가능성을 높여 주었다. 더불어 마음챙김을 하면 스트레스 반응성을 낮추는 유전자 기능의 표현성을 높인다는 연구 결과도 있다.

한국에서의 마음챙김 명상

마음챙김 명상이 해외에서만 주목받은 것은 아니다. 1998년 필자와 김교헌 교수가 함께 번역한 존 카밧진의 『명상과 자기치유(Full Catastrophe Living)』가 출간되면서 한국에 처음으로 MBSR이 소개되었다. 그리고 2005년에는 필자가 한국의 특성에 맞춘 K-MBSR 프로그램을 개발, 발표하였다. K-MBSR 프로그램은 벤슨의 이완 반응과 카밧진의 MBSR을 바탕으로 한국 전통 수행법(호흡, 만트라 수행)을 접목하여 한국화한 명상 프로그램이다. 마음집중(止)과 마음챙김(觀), 그리고 자비 수련을 바탕으로 한다는 특징이 있다.

　　이후 가톨릭대학교 의과대학에서는 2005년에 본과 3년 학생을 대상으로 '통합의학'에 대한 강의와 실습을 도입하고, 부설 성모병원 통합의학센터에서는 2005년부터 2008년까지 만성병 환자를 치료하는 방법으로 K-MBSR을 도입, 적용하기도 하였다. 2006~2007년에는 한국인을 대상으로 한 효과성 연구를 마침으로써 그 효과를 증명하였다. 그 이후 K-MBSR은 국내 병원의 '통합의학과'와 '사단법인 한국명상학회'의 명상 치유 전문가들이 공식적으로 활용하는 프로그램이 되었다.

마음챙김에 대한 설명은 학자들마다 비슷하지만 조금씩 다르게 정의 내리고 있다. 먼저 존 카밧진은 "의도를 갖고, 특별한 방식으로 현재 순간에 비판단적으로 주의를 기울이는 것"이라고 말하고, *Mindfulness Stress Reduction Workbook*의 저자인 밥 스탈(Bob Stahl)과 엘리샤 골드스타인(Elisha Goldstein)은 "현재 순간에 일어나는 무엇이든 판단의 필터나 렌즈를 통하지 않고 온전하게 자각하는 것"이라고 정의한다. 필자는 "지금(Now), 여기(here)에서 일어나고 있는 것에 대해 온전하게 알아차림(aware)하는 것"이라고 정의한다.

필자를 비롯한 여러 학자들이 마음챙김에 대해 정의 내리면서 현재 순간, 즉 지금 여기에서 일어나는 것에 집중하라고 말하는 건 우리 마음 특유의 속성 때문이다. 우리 마음은 지금 여기에서 일어나는 일들에만 집중하지 못하고, 과거로 갔다가 미래로 갔다가 하며 끊임없이 방황한다. 이렇게 방황하는 마음은 끊임없이 온갖 상상을 만들어 내는데, 이 상상이 바로 괴로움이 된다.

그런데 우리 뇌의 전두엽연합령에서는 온갖 상상을 계속해서 만들어 낸다. 그러면 그 괴로움을 해결하기 위해서는 어떻게 해야 할까? 흔들리는 마음이 과거나 미래로 자기 않도록 지금 여기에 붙잡아 두어야 한다. 『동의보감』에서도 "마음의 혼란이 병을 만들어 내고 마음을 바로잡으면 스스로 병이 낫는다(心亂即病生 心定即病自癒)."라고 말하고 있다.

그러나 오늘날의 가정교육, 그리고 학교 교육은 자기 자신의 마음보다는 마음 밖의 세계에만 관심이 집중되어 있다. 물질 위주의 외계에 대한 관심과 경쟁에서 이겨야만 한다는 이기심이 강조되면서 마음이 거칠어지고 좌절감과 괴로움이 증폭된다. 자신의 몸과 마음에서 일어나는 현상에 대한 알아차림이 이러한 거친 마음과 좌절감, 괴로움에 대처하는 근본 대책이 될 것이다.

마음챙김 수련을 하는 방법

마음챙김 수련은 내 마음이 지금 여기에 머물지 못하고 다른 곳에 가 있는 것을 알아차리고(aware), 마음을 지금 여기로 데려오는(focusing) 훈련이다. 마음챙김 수련 방법은 크게 공식 수련과 비공식 수련으로 나누는데, 공식 수련은 매일 일정한 시간을 정해서 앉거나 누워서 마음챙김을 하는 수련을 말하고, 비공식 수련은 일정한 시간을 정하지 않고 일상 활동에서 마음챙김을 하는 수련을 말한다.

● 호흡 명상(심호흡)

　　호흡 명상 가운데 가장 기본이 되는 수식관 호흡 명상은 누구나 언제 어디서나 쉽게 할 수 있는 가장 쉬운 호흡 명상법이자, 산란한 마음을 호흡에 집중함으로써 집중력과 이완감을 키우는 데 큰 도움이 되는 방법이다.

　　수식관 호흡 명상을 할 때는 의자나 바닥에 편안한 자세로 앉아

살며시 눈을 감고 천천히 횡격막 호흡을 한다. 횡격막 호흡을 계속하면서 숨을 내쉴 때마다 수를 세는데, "열"부터 시작해서 "아홉", 그 다음은 "여덟", 마지막으로 "하나"까지 센다. 이렇게 15분 내지 20분 정도 "열"부터 "하나"까지 토하는 숨에 숫자를 세는데, 이때 온몸의 긴장을 몸 밖으로 내려놓는다고 상상하며 긴장감을 내려놓는다. 이 방법이 익숙해지면 마찬가지로 내쉬는 숨에 숫자를 세는데, 이번에는 5초 정도 숨을 들이키고 5초 정도 내쉬면서 "하나"부터 "백"까지 쉬지 않고 세어 간다. 만약 셈하는 숫자를 놓쳐 버렸을 때는 처음부터 셈하면 된다.

호흡 명상은 단순해 보이지만 몸의 긴장을 알아차리는 데 매우 유용한 방법이다. 우리가 의식하든 의식하지 않든, 호흡은 이루어지지만 호흡에 주의를 기울여 마음챙김하여 호흡하면 스트레스에 효과적으로 대처할 수 있고, 마음과 몸에 안정과 평화를 가져다준다.

● 만트라 명상

만트라 명상은 마음과 몸의 평화를 야기하는 집중 명상의 대표적인 방법이다. 특정한 구절이나 기도문, 특정 소리를 끊임없이 흔들리는 마음을 멈추고 집중하기 위한 초점 대상으로 삼아 반복적으로 읊조림으로써 다른 쪽으로 주의를 빼앗기지 않도록 하는 것이다.

만트라 명상을 할 때는 먼저 주의의 초점이 될 만트라를 선택한다. 이때 자신의 종교나 철학, 믿음에 잘 부합되는 단어나 구절을 선택하는 것이 가장 좋다. 만트라를 선택하였다면 편안한 자세로 의자나 바닥 등 편안한 곳에 '등을 수직으로 바로 세우고' 앉아 눈을 감는다. 그리고 몸을 이완시킨 뒤 천천히 자연스럽게 호흡하며 숨을 내쉴 때마다 만트라를 반복하여 읊조린다. 이때 자연스럽게 잡념이나 공상이 일어난다. 잡념이나 공상이 일어났다는 것을 알아차림하였다면 스스로에게 "잡념이 일어나도 괜찮아."라고 한 후 자연스럽게 만트라로 되돌아간다. 만트라 명상은 한 번에 20분씩, 하루 두 번 하는 것이 가장 좋다.

이렇게 지속하다 보면 만트라로 되돌아갈 수 있는 능력이 커져 나가게 되는데, 그러면 우리 마음 상태는 보다 평화로워지고, 통제 불능 상태였던 마음 상태가 조절 가능한 상태로 바뀌어 나간다.

● 몸 살피기 명상

몸 살피기(body scan) 명상은 마음챙김의 공식 수련 첫 번째 훈련이다.

우선 눈을 감은 채 등을 바닥에 대고 가만히 눕거나 의자에 편안하게 앉아서 왼쪽 발의 발가락으로부터 시작해서 서서히 상체 쪽으로 주의의 대상을 옮겨 가면서 차례차례로 신체의 여러 부위들에서 느껴지는 감각을 살핀다. 왼쪽 다리의 감각 살피기가 끝나면 오른쪽 다리로, 이어서 몸통, 팔, 어깨, 목, 얼굴, 머리 쪽으로 서서히 대상을 옮겨 가면서 신체 각 부위의 감각을 살펴보도록 한다.

몸 살피기는 임의로 근육을 이완시키라고 지시하는 점진적 근육 이완 훈련이나 자율 훈련과는 차이가 있다. 몸 살피기에서는 신체의 어떤 부위에서 어떤 감각이 느껴지는지에 대해서만 알아차림한다. 몸 살피기를 하는 동안 주의가 흔들리거나 방황한다 해도 마음이 흔들리고 있다는 것을 알아차림한 후 다시 그 신체 부위로 돌아오면 된다.

몸 살피기는 이완 명상과 달리 어떤 특정한 성과가 있는 것이 아니기 때문에 몸 살피기를 마친 후 이완에 성공했다거나 실패했다는 식의 결과를 기대해서는 안 된다. 무엇보다 어떤 판단도 하지 않은 채 나타난 경험이 어떤 것이라도 있는 그대로 알아차리는 것이 몸 살피기 명상에서 무엇보다 중요한 것이다.

● 건포도 먹기 명상

건포도 먹기 명상은 '명상'에 대한 고정관념을 깨는 데 도움이 되는 명상법이다.

먼저 건포도 서너 알을 만져보며 촉감을 느껴보고, 건포도 표면을 살펴보고, 귀 가까이 가져가서 부빌 때 소리가 나는지 알아보기도 하고, 냄새를 맡아 보기도 한다. 그리고 천천히 입속에 넣어서 침이 나오는지, 서서히 씹었을 때 입과 혀의 반응은 어떤지 등 맛과 질감을 살피고 삼켰을 때 목구멍에서 어떤 느낌이 드는지 등 감각적 경험들을 차근차근 살피면서 알아차린다. 이렇게 하나씩 감각을 살피는 동안 관련이 없는 어떤 생각이나 감정이 일어난다면, 그 생각이나 감정이 일어났음을 살펴본 후 다시 건포도 쪽으로 주의를 되돌리도록 한다.

건포도 먹기 명상은 명상하는 동안 순간순간 느끼는 모든 감각, 감정, 생각들에 대해 주의를 집중하여 알아차릴 수 있도록 한다. 그래서 평소 자동적으로 해왔던 일상 활동에 대한 알아차림 능력을 키워 주어 삶을 대하는 태도와 의미를 새롭게 할 수 있도록 해준다.

● 정좌 명상

1) 감각 알아차리기

정좌 명상은 바닥이나 의자에 가만히 앉아서 신체 감각이나 소리, 냄새와 같은 온갖 감각들이 끊임없이 일어났다가 변화되어 가다가 사라지는 현상을 관찰하는 명상이다. 그래서 존재하는 모든 것은 끊임없이 변화되고 사라지는 덧없는 것[無常]이라는 것을 깨닫기 위한 것이다. 이를 통해 질병도, 고통도 고착되어 있는 것이 아니라 변화할 수 있고 치유될 수 있다는 이치를 알게 하는 데 있다.

정좌 명상을 하게 되면 평가나 판단 또는 특정한 결과를 바라지 않고, 오직 지금 이곳에 머무는 데서 평안감을 경험할 수 있으며, 수련이 더욱 깊어지면 평안감과 함께 지혜와 연민의 마음을 키워 나갈 수 있다.

정좌 명상은 호흡에 대한 마음챙김으로 시작한다. 숨을 들이쉬고 내쉴 때, 콧구멍 또는 아랫배의 상하 운동에 초점을 두고 관찰한다. 이때 바다에 밀물과 썰물이 일어나는 것처럼 호흡도 들고 나면서 변화하는 것을 느끼되, 그 변화의 흐름에 맞서지 말고 흐름과 함께 하도록 한다. 만일 변화에 저항하게 되면 고통이나 괴로움이 커지지만, 변화에 순응하면 고통은 저절로 사라진다.

우리는 좋은 것을 원하고 싫은 것은 원하지 않는다. 그리고 이런 좋고 싫음 사이의 갈등에서 점점 더 큰 고통이 만들어진다. 호흡도 이와 마찬가지다. 자연스런 호흡 과정을 따라가면 편안해지지만, 저항하면 불편감과 괴로움이 발생한다. 그러므로 좋은 것에 집착하거나 싫은 것을 회피하는 행동은 더 큰 고통을 가져온다는 것을 알고 보상도, 처벌도 별것 아니라는 무집착의 태도를 가져야 한다.

호흡에 집중하였다면 이제 신체 감각으로 의식의 초점을 확장한다. 이번에는 촉감, 온각, 냉각, 통각 등 매 순간 내 몸에서 일어나는 각종 신체 감각 가운데 가장 두드러진 감각에 주의를 집중해 본다. 신체 감각을 알아차림한다는 것은 내가 이 순간, 이곳에 존재하고 있다(present being)고 하는 존재의 훈련이다.

신체 감각이 나타났다가 변화하다 사라지는 것을 관찰하였다면 마지막은 외부에서 오는 소리나 냄새 같은 외부 자극을 알아차리는 데로 이어진다.

2) 감정, 생각, 선택 없는 알아차림

정좌 명상의 심화 단계에서는 감정과 생각, 그리고 선택 없이 알아차림 명상을 한다. 앞 단계에서의 소리에 대한 마음챙김 명상을 한 후, 정신적 현상인 감정과 생각에 대한 알아차림으로 마음챙김 대상을 달리하는 것이다. 자신의 감정과 생각에 대한 내용들을 알아차림해 보면, 감정이나 생각도 소리와 마찬가지로 생겨났다가 바뀌어 가다 사라진다는 것을 알게 될 것이다.

앞 단계와 마찬가지로 심화 단계 역시 생각이나 감정의 내용을 해석하거나 판단하는 데 함몰되지 말고, 생각이나 감정의 자연스런 변화 과정 자체를 바라보는 데 관심을 둬야 한다. 즉 마음속에 떠오르는 감정이나 생각이 일어나고 진행되고 사라지는 과정만을 관찰하고 경험할 뿐, 이것을 분석하거나 평가하고, 해석할 필요는 없다는 뜻이다.

이 과정은 마치 푸른 하늘에 구름이 생겨나서 떠 가다가 사라지는 것을 바라보는 것과 같다. 폭풍이 밀려와도 하늘은 영향을 받지 않고 언제나 푸르다가 폭풍이 밀려가면 제 모습을 드러낸다. 불안, 두려움, 우울과 같은 감정의 폭풍이 밀려와도 휩쓸리지 않고 가만히 지켜만 보면 감정의 폭풍도 사라지게 된다.

심화 단계를 통해서는 '생각은 생각일 뿐, 감정은 감정일 뿐 사실이 아니다'라는 점을 알아채야 한다. 생각과 감정의 변화를 가만히 지켜보고 있다 보면 이것 또한 사라져 버린다. 그래서 감정이나 생각이란 관념의 울타리를 벗어나면 한없이 자유로워질 수 있다. 자기 스스로 옭아맨 삶의 감옥에서 나와 한없는 평화와 자유로움을 누리는 삶으로 나아가게 될 수 있게 되는 것이다.

● 일상적으로 하는 마음챙김

마음챙김을 하기 전 우리 마음은 지나간 과거를 생각하거나 오지 않은 미래를 주로 생각하며 온갖 괴로움을 반복적으로 그려 낸다. 그러나 현재 이 순간, 일어나는 무엇이든 판단 없이 있는 그대로 알아차림하게 되면, 지금 여기에 존재하는 자신의 모습을 알아차림하게 된다. 그래서 마음챙김은 언제, 어디서나 할 수 있는 것이기도 하다. 당신이 언제 어느 곳에 있든 어떤 생각, 감정에 사로잡혀 끌려가고 있다는 것을 알아차림하는 순간, 그 생각의 덫에서 벗어나 지금 이곳으로 돌아올 수 있기 때문이다.

하루 일과 중 짬짬이 마음챙김 호흡이나 수식관, 이완 반응 명상을 하게 되면 부교감신경절과 미주 신경을 자극한다. 그래서 스트레스로 인한 생리적, 심리적 반응성을 낮추어 안정, 이완 상태를 야기해 줌으로써 몸과 마음의 평화와 누릴 수 있게 해준다. 일과 중 마음챙김을 할 때는 다음의 일곱 가지 태도를 명심하고, 함양할 수 있도록 한다.

1. 판단하려 하지 않는다.
2. 인내심을 견지한다.
3. 초심의 상태를 견지한다.
4. 믿음을 가진다.
5. 지나치게 애쓰지 않는다.
6. 수용한다.
7. 내려놓는다.

1) 가정에서의 마음챙김

① 설거지를 할 때

설거지를 하기 위해 수세미에 짠 세제의 냄새, 틀어 놓은 물의 온도와 세기, 그릇에 묻어 있는 오물을 발견하고 주의를 기울여 제거하기 등 설거지 하는 모든 순간의 행동과 느낌에 주의를 기울인다.

② 이를 닦을 때

칫솔에 치약을 묻혀 칫솔질을 할 때 윗니와 아랫니, 잇몸과 혀 등에서 느껴지는 촉각, 이때 나는 소리, 칫솔에 묻힌 치약에서 나는 향기 등에 주의를 기울인다.

③ 샌드위치나 과일 등 간식을 먹을 때

앞에서 진행한 건포도 먹기 명상을 참고하여 지금 먹으려는 음식으로 생기는 온갖 자극과 느낌에 마음챙김한다.

2) 직장에서의 마음챙김

일반 회사원을 비롯한 직장인 대부분이 근무 시간 중 약 50퍼센트 정도의 시간을 업무와 관계 없는 일에 소모한다. 이는 곧 업무에 전적으로 집중하지 못하고 건성으로 일한다는 뜻이다. 그러나 업무 과제에 주의 집중하는 능력은 기술 능력이나 경영 능력 못지않게 중요한 능력으로, 이를 제대로 발휘하지 못한다면 업무 성과나 성취가 만족스럽지 못할 것은 당연한 일이다. 그러므로 현재에 집중할 수 있도록 하는 마음챙김은 직장인들의 업무 능력 향상에 큰 도움이 된다.

① 아침 기상 직후

아침에 일어난 직후, 누운 채로 약 2분간 마음챙김 호흡으로 하루를 시작한다.

②직장에 도착하여 업무에 들어가기 전

본격적인 업무에 들어가기 전, 사무실의 의자에서 5분간 마음챙김 호흡을 한다. 산란한 마음이 생겼다는 것을 알아차리면 바로 호흡에 집중한다. '알아차림'과 '집중'의 반복이 곧 마음챙김 수련이다.

③오전 근무 중

대부분의 직장인들이 업무를 시작하면 먼저 컴퓨터를 켜고 이메일을 확인한다. 이때 검토해야 할 것과 버릴 것에 집중하여 마음챙김을 한다. 그리고 내가 해야 할 업무, 어제 완결하지 못한 업무, 그리고 시급한 업무 하나하나에 대해 마음챙김을 한다.

④회의에 참석했을 때

회의 시작 전 1~2분간 마음챙김 호흡을 하며 머릿속 생각을 가다듬는다. 회의 도중에 짜증이나 피곤, 따분한 느낌이 들 때는 그 느낌에 대해 알아차림하고 마음챙김 호흡을 하거나 이완 반응 명상을 실천한다.

⑤오후 근무 중

오전과 달리 오후가 되면 뇌가 피곤해지기 시작하면서 집중이 어려워지고 산만하게 된다. 이때 가끔 마음챙김 호흡이나 수식관, 이완 반응 명상을 하게 되면 집중력을 높이고, 산만성은 낮추고 잘못된 결정을 줄여 준다.

이후 퇴근 무렵이 되면 마음챙김하여 업무를 마무리하고 정리한다.

⑥퇴근길

퇴근길에 올라 버스나 지하철 등 대중교통을 이용할 때도 마음챙김을 할 수 있다. 마음챙김 호흡이나 수식관, 이완 반응을 하여 종일 쌓인 스트레스를 내려놓고 산뜻한 마음으로 귀가할 수 있도록 한다.

나를 바꾸는 마음챙김 명상

● 마음챙김은 마음과 몸을 연결시킨다

마음과 몸에 대한 부주의는 곧 심신 간의 단절을 일으키고, 이는 몸과 마음이 조절되지 않는 결과를 낳는다. 그 결과 몸과 마음이 무질서 상태가 되면서 질병이 일어난다. 즉 몸과 마음에 대한 부주의가 곧 질병을 낳는 것이다.

그러므로 역으로 몸과 마음에 주의를 기울이면 몸과 마음이 서로 연결되고, 조절할 수 있게 되어 질서가 갖춰지고 심신이 편안해질 수 있게 된다.

● 마음챙김은 존재의 주인공이 되는 것

우리 마음은 과거 혹은 미래로 빠져들어 온갖 괴로움을 만들어 낸다. '비록 어디에 있든, 있는 그곳에서 주인공이 되면 있는 그 자리가 모두 참된 자리(隨處作主 立處皆眞)'라는 임제 선사의 말처럼 마음챙김은 방황하는 마음을 지금 이곳으로 데리고 와, 현재에 존재할 수 있도록 해준다.

● 나는 내 체험의 관찰자

지금 일어나고 있는 현상을 판단 없이 알아차리는 마음챙김은 스스로를 관찰하는 나(관찰 자아)와 반응하는 나(체험 자아)로 구분할 수 있도록 해준다. 그래서 관찰하는 나, 즉 인식 주체가 반응하는 나(인식 객체)를 가만히 바라봄으로써 스스로를 객관적으로 바라보고, 조절할 수 있도록 한다.

예를 들어 화가 났을 때 '내가 지금 화가 났구나', 너무나 갖고 싶은 것이 있을 때 '내가 지금 욕심을 내고 있구나' 하고 반응할 수 있게 해주는 것이다. 이렇게 어떠한 감정이든 순간순간 변화하는 내 마음을 알아차림함으로써 욕심이나 미움, 화에 휩싸이지 않고 평정심을 유지할 수 있도록 도와준다.

● 나는 내 몸과 마음의 관찰자

마음챙김 명상은 마음의 변화뿐만 아니라 지금 이 순간 몸의 미세한 감각적 변화와 감정과 생각의 변화를 탐지하는 훈련이다. 그리고 이런 미묘한 변화를 관찰하는 훈련을 지속하면 자신의 마음과 몸을 보다 투명하고 명료하게 인식할 수 있게 된다.

자신의 내면 세계를 탐지하는 능력이 증가한다는 것은 곧 무의식의 세계를 의식 세계로 끌어올려 거기에 숨겨져 있던 억압된 내용에 대해 통찰할 수 있다는 것과 같다. 이는 결국 자기 치유로 이어지게 된다.

● 행동하는 양상에서 존재하는 양상으로

마음챙김 명상은 우리를 의식 없이 자동 조정 상태로 행동하는 양상(doing mode)에서 지금 이곳에 마음 챙겨 존재하는 양상(being mode)으로 바뀌도록 해준다.

행동하는 양상이란 목표 지향적이고, 목표 달성을 위해 몰두하는 것을 말한다. 그러나 현실과 목표 간에 괴리를 느낄 때 불안감이 발생하고, 이를 메우기 위해 끊임없이 행동 양상이 반복적으로 되풀이된다. 그래서 지금 이곳에 느긋하게 존재하지 못하고 과거로, 미래로 마음이 왔다 갔다 동요하게 되고, 마음이 동요하니 끊임없이 불안한 마음이 들고, 긴장하고 서두르다 지치고, 끝내는 병들게 된다.

그러나 존재 양상은 마음을 지금 이곳에 머물러 현재의 존재를 지향한다. 목표 성취와 관련하여 좌절감이나 불안감, 상대와의 비교나 평가 판단에 개의치 않고, 오직 지금 이곳에 머물면서 순간순간 일어나는 경험들을 알아차림하고 즐길 뿐이다.

존재 양상으로 마음이 머물게 되면, 지금 이 순간 일어나는 감각,

감정, 생각은 잠깐 동안 나타났다 사라져 버리는 덧없는 것이라는 것을 알아차려 이들에 휩싸이지 않을 수 있다. 즉, 덧없는 것에 매달리거나 애달파하지 않게 되는 것이자 집착하던 대상을 놓아버리고 자유로울 수 있게 되는 것이다. 이는 곧 괴로움에서 해방되어 치유될 수 있다는 뜻이다.

● 행복 6계명

우리가 행복하기 위해서, 언제나 반드시 기억해야 할 여섯 가지가 있다. 이를 간단히 정리하였으니 염두에 두었으면 한다.

1. 불필요하게 감정을 억누르거나 왜곡하지 말고 적절하게 표현하라.
2. 행복은 주관적인 것이다. 점수로, 혹은 숫자로 행복의 정도를 매기려는 환상에서 벗어나라.
3. 스스로 재미있고, 의미 있다고 여기는 일에 몰두하라.
4. 단순하게, 더욱 단순하게 살아라.
5. 심신을 수련하라. 부지런히 명상하고 운동하라.
6. 감사하고, 만족할 줄 알고, 물러설 줄 알라.

명상이
뇌를
바꾼다

괴로운 뇌를
행복한 뇌로 바꿔 주는 마음 수련

ⓒ 장현갑, 2019

2019년 4월 12일 초판 1쇄 발행
2021년 12월 5일 초판 5쇄 발행

지은이 장현갑
발행인 박상근(至弘) • 편집인 류지호 • 상무이사 양동민 • 편집이사 김선경
책임편집 김소영 • 편집 이상근, 김재호, 양민호, 권순범, 최호승 • 디자인 쿠담디자인
제작 김명환 • 마케팅 김대현, 정승채, 이선호 • 관리 윤정안
펴낸 곳 불광출판사 (03150) 서울시 종로구 우정국로 45-13, 3층
　　　　대표전화 02) 420-3200 편집부 02) 420-3300 팩시밀리 02) 420-3400
　　　　출판등록 제300-2009-130호(1979. 10. 10.)

ISBN 978-89-7479-663-1 (03180)

값 16,000원